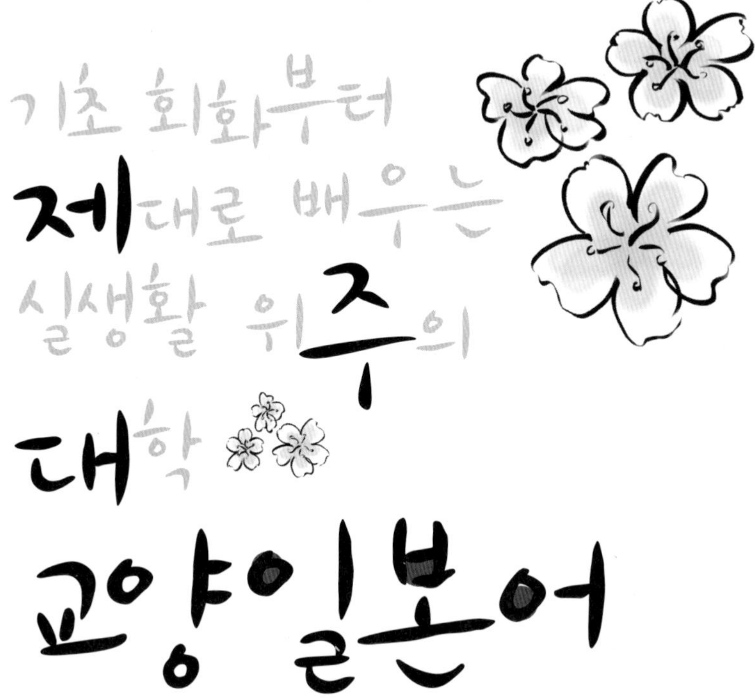

저자 제주대학교 일본어 교재 연구회

들어가면서

일본의 대중문화가 개방되고 인터넷 발달 등으로 일본에 관심을 가진 학습자들이 예전과는 달리 다양한 정보들을 쉽게 접할 수 있게 되었습니다. 이러한 다양한 정보들을 통하여 최근의 일본어 학습자들의 수준은 눈에 띄게 향상되었습니다.

반면, 대학 교양 일본어 교재는 이러한 학습자들을 만족시키지 못하고 있는 것이 현실입니다. 이러한 문제점을 해결하고자 대학현장에서 일본어교육을 담당하는 한국인 선생님과 원어민 선생님 12명이 일본어 교재 연구회를 구성하여 공동으로 집필하였습니다.

지금까지의 일본어교재는 딱딱한 문법 위주의 교재가 주를 이루었으나, 이 교재는 실생활에서 활용가능한 본문과, 이 본문을 바탕으로 한 주요 문형 그리고 많은 연습문제를 통하여 일본어 활용과 회화 능력을 향상시킬 수 있도록 구성되어 있습니다.

- 본문

유학생인 주인공이 유학생활에서 경험하게 되는 여러 장면을 중심으로 일상생활에서 사용하는 주요 표현들을 본문 내용으로 구성하였습니다.

- 문형

본문 안에 나오는 주요 표현과 필요한 학습사항을 문형으로 정리하였습니다.

- 연습문제

문형에서 익힌 각 과의 학습 포인트를 일본 현지에서 많이 사용하고 들을 수 있는 어휘들을 이용하여 확인 학습을 할 수 있도록 하였습니다.

- 문화 엿보기

문화 엿보기를 통하여 학습자들이 일본에서 생활할 때나 일본 사회 및 문화를 이해하는 데 도움이 되도록 구성하였습니다.

목 차

문자와 발음

히라가나 ひらがな

히라가나는 한자의 초서체를 간략하게 만든 것으로, 헤이안 시대(平安時代;서기 794~1192년) 초기에 확립되었다고 한다. 그 당시는 여성들이 시, 수필, 서간문에서 많이 사용했으나, 오늘날에는 인쇄, 필기 등 모든 경우에 사용되는 기본문자이다. 현재는 46개의 글자가 사용되고 있다.

• 히라가나의 자원(字源)

あ	か	さ	た	な	は	ま	や	ら	わ	ん
安	加	佐	太	奈	波	末	也	良	和	无
い	き	し	ち	に	ひ	み		り		
以	幾	之	知	仁	比	美		利		
う	く	す	つ	ぬ	ふ	む	ゆ	る		
宇	久	寸	川	奴	不	武	由	留		
え	け	せ	て	ね	へ	め		れ		
衣	計	世	天	祢	部	女		惠		
お	こ	そ	と	の	ほ	も	よ	ろ	を	
於	己	曾	止	乃	保	毛	與	呂	遠	

• 오십음도(五十音図)

행 / 단	あ행	か행	さ행	た행	な행	は행	ま행	や행	ら행	わ행	
あ단	あ a	か ka	さ sa	た ta	な na	は ha	ま ma	や ya	ら ra	わ wa	ん N
い단	い i	き ki	し si	ち ti	に ni	ひ hi	み mi		り ri		
う단	う u	く ku	す su	つ tu	ぬ nu	ふ hu	む mu	ゆ yu	る ru		
え단	え e	け ke	せ se	て te	ね ne	へ he	め me		れ re		
お단	お o	こ ko	そ so	と to	の no	ほ ho	も mo	よ yo	ろ ro	を o	

일본어문자는 히라가나（ひらがな）, 가타카나（カタカナ）, 한자（漢字）를 기본으로 한다. 히라가나와 가타카나를 가나（かな）라 하는데, 이것은 한자를 기초로 만들어진 문자이다.

가타카나 カタカナ

가타카나는 10세기경에 한자의 획을 중심으로 모방 또는 일부를 생략하여 만든 글자이다. 외래어, 의성어, 의태어, 전보문, 외국지명 등에 주로 사용되며, 쓰임이 제한적이다.

• **가타카나의 자원(字源)**

ア	カ	サ	タ	ナ	ハ	マ	ヤ	ラ	ワ	ン
阿	加	散	多	奈	八	末	也	良	和	
イ	キ	シ	チ	ニ	ヒ	ミ		リ		
伊	幾	之	千	二	比	三		利		
ウ	ク	ス	ツ	ヌ	フ	ム	ユ	ル		
宇	久	須	川	奴	不	牟	由	流		
エ	ケ	セ	テ	ネ	ヘ	メ		レ		
江	介	世	天	稱	部	女		禮		
オ	コ	ソ	ト	ノ	ホ	モ	ヨ	ロ	ヲ	
於	己	曾	止	乃	保	毛	與	呂	乎	

단＼행	ア행	カ행	サ행	タ행	ナ행	ハ행	マ행	ヤ행	ラ행	ワ행	
ア단	ア	カ	サ	タ	ナ	ハ	マ	ヤ	ラ	ワ	ン
	a	ka	sa	ta	na	ha	ma	ya	ra	wa	N
イ단	イ	キ	シ	チ	ニ	ヒ	ミ		リ		
	i	ki	si	ti	ni	hi	mi		ri		
ウ단	ウ	ク	ス	ツ	ヌ	フ	ム	ユ	ル		
	u	ku	su	tu	nu	hu	mu	yu	ru		
エ단	エ	ケ	セ	テ	ネ	ヘ	メ		レ		
	e	ke	se	te	ne	he	me		re		
オ단	オ	コ	ソ	ト	ノ	ホ	モ	ヨ	ロ	ヲ	
	o	ko	so	to	no	ho	mo	yo	ro	o	

한자 漢字

일본어 한자는 일반적으로 훈독(訓読)과 음독(音読) 두 가지로 읽으며, 약자를 사용한다.
예) 国(나라 국) → 国(훈독 : くに[kuni] / 음독 : こく[koku])

1 청음 (清音)

あ행	あ a	い i	う u	え e	お o
연습					

あい 사랑　いえ 집　うえ 위　え 그림　おい 조카(남자)

か행	か ka	き ki	く ku	け ke	こ ko
연습					

かお 얼굴　きく 국화　くき 줄기　いけ 연못　こえ 목소리

さ행	さ sa	し si	す su	せ se	そ so
연습					

さけ 술　しか 사슴　すし 초밥　せき 자리　そこ 거기

た행	た ta	ち ti	つ tu	て te	と to
연습					

たき 폭포　ちち 아버지　つくえ 책상　てつ 철　とけい 시계

な행	な na	に ni	ぬ nu	ね ne	の no
연습					

なつ 여름　にく 고기　ぬの 천　ねこ 고양이　のき 처마

は행	は ha	ひ hi	ふ hu	へ he	ほ ho
연습					

はな 꽃　ひと 사람　ふね 배　へそ 배꼽　ほし 별

ま행	ま ma	み mi	む mu	め me	も mo
연습					

まね 흉내　みそ 된장　むし 벌레　めい 조카(여자)　もも 복숭아

や행	や ya		ゆ yu		よ yo
연습					

やま 산　ゆき 눈　よやく 예약

ら행	ら ra	り ri	る ru	れ re	ろ ro
연습					

らいねん 내년　りす 다람쥐　るす 부재중　れきし 역사　ろうか 복도

わ행	わ wa				を o
연습					

わたし 나

2 탁음(濁音)

が행	が ga	ぎ gi	ぐ gu	げ ge	ご go
연습					

がいこく 외국　ぎり 의리　ぐあい 상태　げた 나막신　ごみ 쓰레기

ざ행	ざ za	じ zt\i	ず zu	ぜ ze	ぞ zo
연습					

ざせき 좌석　じむしつ 사무실　ずつう 두통　ぜいたく 사치　ぞう 코끼리

だ행	だ da	ぢ zi	づ zu	で de	ど do
연습					

だるま 오뚝이　はなぢ 코피　つづき 계속　でし 제자　どこ 어디

ば행	ば ba	び bi	ぶ bu	べ be	ぼ bo
연습					

ばか 바보　びり 꼴찌　ぶた 돼지　べいこく 미국　ぼうし 모자

3 반탁음 (半濁音)

ぱ행	ぱ pa	ぴ pi	ぷ pu	ぺ pe	ぽ po
연습					

ぱちぱち 깜빡깜빡　ぴかぴか 번쩍번쩍　ぷかぷか 뻐끔뻐끔　ぺらぺら 술술　ぽかぽか 따끈따끈

4 요음 (拗音)

반모음 「や・ゆ・よ」가 다른 가나와 함께 쓰여, 그 가나와 함께 한 글자처럼 발음하는 경우를 요음이라고 한다. 단, 요음에서의 반모음 「や・ゆ・よ」는 가나의 오른쪽 밑에 작게 쓰며, 오직 [i]모음이 들어있는 글자와 함께 쓰인다.

	や	ゆ	よ
き	きゃ (kya)	きゅ (kyu)	きょ (kyo)
し	しゃ (sya)	しゅ (syu)	しょ (syo)
ち	ちゃ (tya)	ちゅ (tyu)	ちょ (tyo)
に	にゃ (nya)	にゅ (nyu)	にょ (nyo)
ひ	ひゃ (hya)	ひゅ (hyu)	ひょ (hyo)
み	みゃ (mya)	みゅ (myu)	みょ (myo)
り	りゃ (rya)	りゅ (ryu)	りょ (ryo)
ぎ	ぎゃ (gya)	ぎゅ (gyu)	ぎょ (gyo)
じ	じゃ (zya)	じゅ (zyu)	じょ (zyo)
ぢ	ぢゃ (zya)	ぢゅ (zyu)	ぢょ (zyo)
び	びゃ (bya)	びゅ (byu)	びょ (byo)
ぴ	ぴゃ (pya)	ぴゅ (pyu)	ぴょ (pyo)

きゃく 손님
しゃかい 사회
ちゃいろ 갈색
こんにゃく 곤약
ひゃく 백(百)
みゃく 맥
りゃくじ 약자
ぎゃく 반대
じゃま 방해
さんびゃく 삼백(三百)
ろっぴゃく 육백(六百)

きゅうり 오이
しゅみ 취미
ちゅうごく 중국
にゅうがく 입학
りゅうがく 유학
ぎゅうにゅう 우유
じゅく 학원

きょり 거리
しょくじ 식사
ちょう 나비
にょうぼう 부인
ひょうか 평가
みょうじ 성씨
りょこう 여행
ぎょうせき 업적
じょせい 여성
びょういん 병원

5 촉음 (促音)

우리말의 받침과 같은 역할을 하는 것으로, 한 음절의 길이를 갖고 있는 것이 특징이다. 「つ」 자를 오른쪽 밑에 원래 크기보다 작게 써서 나타낸다.

「k(ㄱ)」 음이 되는 경우	いっき 단숨에 마심	
	せっけん 비누	ひっこし 이사
「s(ㅅ)」 음이 되는 경우	あっさり 깨끗이, 간단히	
	けっせき 결석	さっそく 즉시
「t(ㄷ)」 음이 되는 경우	おっと 남편	きって 우표
「p(ㅂ)」 음이 되는 경우	いっぱい 가득, 한잔	
	きっぷ 표, 티켓	しっぽ 꼬리

6 발음 (撥音)

우리말의 받침과 같은 구실을 하는데, 단독으로 쓰이지 않고 다른 글자와 결합해서 사용되며, 한 음절만큼의 길이를 가진다.

❶ m(ㅁ)발음이 나는 경우 ……… ま・ば・ぱ行 앞에 올 경우

あんま 안마　ぶんめい 문명　はんばい 판매

しんぶん 신문　さんぽ 산책　とんぼ 잠자리

❷ n(ㄴ)발음이 나는 경우 ……… さ・ざ・た・だ・な・ら行 앞에 올 경우

けんさ 검사　かんじ 한자　おんち 음치

おんど 온도　おんな 여자　べんり 편리

❸ ŋ(ㅇ)발음이 나는 경우 ……… あ・か・が・は・や・わ行 앞에 올 경우

れんあい 연애　けんか 싸움　れんが 벽돌

ほん 책　こんやく 약혼　でんわ 전화

7 장음 (長音)

일본어의 장음은 발음(撥音)이나 촉음(促音)과 마찬가지로 한 음절의 길이를 가지고 있어서 단어를 변별해주는 기능을 한다.

あ단 + あ	おかあさん 어머니	おばあさん 할머니	
い단 + い	おじいさん 할아버지	おにいさん 형님	
う단 + う	くうき 공기	ゆうめい 유명	
え단 + え・い	おねえさん 누님	せんせい 선생님	えいが 영화
お단 + お・う	おおさか 오사카	こおり 얼음	おとうさん 아버지

8 묵음 (黙音)

さ行앞에 「く」가 오면, 「く」의 모음인 [u]는 생략된다.

がくせい 학생　　おくさん 부인　　やくそく 약속　　たくさん 많이

9 기타

❶ 「は」는 조사로 쓰일 때에 한하여 [wa]로 발음한다.
❷ 「へ」는 조사로 쓰일 때에 한하여 [e]로 발음한다.
❸ 「を」는 목적격 조사로만 쓰인다.

등장인물

◀木村先生（日本人）
教師

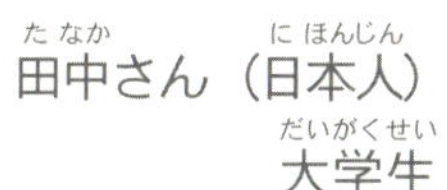

田中さん（日本人）▶
大学生

▲佐藤さん（日本人）
大学生

◀ワンさん（中国人）
留学生

キムさん（韓国人）▶
留学生

マリーさん（アメリカ人）▶
留学生

◀高橋さん（日本人）
大学生

おはようございます。

안녕하세요(아침 인사)

こんにちは。

안녕하세요.(낮 인사)

こんばんは。

안녕하세요.(저녁 인사)

さようなら。

안녕히.

お休(やす)みなさい。

안녕히 주무세요.

ありがとうございます。 고맙습니다.

いいえ、どういたしまして。 아뇨, 별말씀을요.

すみません。

죄송합니다.

いただきます。/ごちそうさまでした。

잘 먹겠습니다. / 잘 먹었습니다.

おめでとうございます。

축하드립니다.

お久(ひさ)しぶりです。/お元気(げんき)ですか。

오래간만입니다. / 별고 없으세요?

行(い)ってきます。/行(い)っていらっしゃい。

다녀오세요. / 다녀오겠습니다.

ただいま。/お帰(かえ)り(なさい)。

다녀왔어요.(귀가했을 때) / 어서 오세요.

お大事(だいじ)に。

몸조리 잘하세요.

どうぞ。→ どうも。

자, 어서.(권유) → 고맙습니다.

失礼(しつれい)します。

실례합니다.

인사해 봅시다

1.

2.

3.

4.

Chapter

01 はじめまして。

I-02

처음 뵙겠습니다.

キム　はじめまして。私(わたし)はキムです。

田中(たなか)　はじめまして。私(わたし)は田中(たなか)です。

どうぞよろしくお願(ねが)いします。

キム　こちらこそ、どうぞよろしく。

田中(たなか)さんは大学生(だいがくせい)ですか。

田中(たなか)　はい、私(わたし)は大学生(だいがくせい)です。

キム　何年生(なんねんせい)ですか。

田中(たなか)　1年生(いちねんせい)です。キムさんも大学1年生(だいがくいちねんせい)ですか。

キム　いいえ、私(わたし)は大学1年生(だいがくいちねんせい)ではありません。

2年生(にねんせい)です。

はじめまして 처음 뵙겠습니다	私(わたし) 나, 저	は~은[는]
です ~입니다	どうぞ 자, 부디, 아무쪼록	
よろしくお願(ねが)いします 잘 부탁합니다	こちらこそ저야말로	さん~씨
大学生(だいがくせい)대학생	か ~까?(의문)	

田中(たなか)　そうですか。専攻(せんこう)は何(なん)ですか。

キム　日本語(にほんご)です。

はい 예　何年生(なんねんせい) 몇 학년　1年生(いちねんせい) 1학년　も ~도

大学(だいがく) 대학　いいえ 아니오　~ではありません ~이[가] 아닙니다

2年生(にねんせい) 2학년　そうですか 그렇습니까?　専攻(せんこう) 전공

何(なに／なん) 무엇　日本語(にほんご) 일본어

문형살피기

1 ～は …です。 ～은[는] …입니다.

私(わたし)は

- 大学生(だいがくせい)
- 1年生(いちねんせい)
- 韓国人(かんこくじん)

です。

2 ～は …ではありません。 ～은[는] …이[가] 아닙니다.

私(わたし)は

- 先生(せんせい)
- 2年生(にねんせい)
- 日本人(にほんじん)

ではありません。

(= じゃありません)

3 ～は …ですか。 ～은[는] …입니까?

～さん は 大学生(だいがくせい) ですか。

→ はい、私(わたし)は大学生(だいがくせい)です。

いいえ、私(わたし)は大学生(だいがくせい)ではありません。

숫자읽기

0	1	2	3	4	5	6	7	8	9	10
ゼロ れい まる	いち	に	さん	し よん よ	ご	ろく	しち なな	はち	く きゅう	じゅう

연습하기

1 보기와 같이 문장을 완성하시오.

보기 私(わたし)／大学生(だいがくせい) → 私(わたし)は大学生(だいがくせい)です。

❶ 田中(たなか)さん／日本人(にほんじん) → ____________________。

❷ スミスさん／アメリカ人(じん) → ____________________。

❸ パクさん／会社員(かいしゃいん) → ____________________。

2 보기와 같이 문장을 완성하시오.

보기 私(わたし)／大学生(だいがくせい) → 私(わたし)は大学生(だいがくせい)ではありません。
(＝じゃありません)

❶ 田中(たなか)さん／1年生(いちねんせい) → ____________________。

❷ 私(わたし)／中国人(ちゅうごくじん) → ____________________。

❸ ワンさん／先生(せんせい) → ____________________。

3 보기와 같이 문장을 완성하시오.

보기
先生(せんせい)：あなたは大学生(だいがくせい)ですか。
学生(がくせい)：はい、私(わたし)は大学生(だいがくせい)です。
いいえ、私(わたし)は大学生(だいがくせい)ではありません。
(＝じゃありません)

❶ あなたは日本人(にほんじん)ですか。 → いいえ、____________________。

❷ あなたは4年生(よねんせい)ですか。 → はい、____________________。

❸ あなたは会社員(かいしゃいん)ですか。 → いいえ、____________________。

ひな祭り

히나마쓰리는 3월 3일에 여자아이의 성장과 행복을 기원하는 행사이다. 히나마쓰리 때에는 히나인형(ひな人形)을 장식하는데, 이것은 여자아이가 예쁘게 성장하고 커서 좋은 인연을 만나 행복한 결혼생활을 할 수 있도록 하는 바램과 인형에 좋지 않은 재난이나 재앙 등을 옮겨 그것들을 피할 수 있도록 하는데 그 의미가 있다.

이 날 먹는 음식에는 치라시즈시(ちらし寿司)와 대합장국, 시로자케 (白酒), 히시모치(ひしもち), 히나아라레 (ひなあられ) 등이 있다.

ひな人形おりがみ

히나인형 종이접기

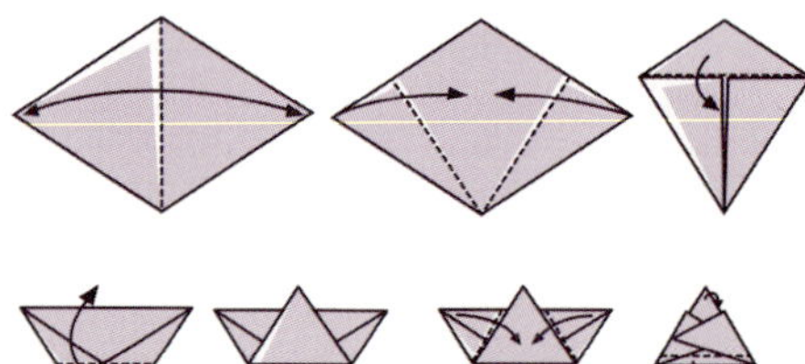

Chapter

02 これは何(なん)ですか。

I-03

이것은 무엇입니까?

教室(きょうしつ)で

木村先生(きむらせんせい)　これは何(なん)ですか。

キム　それは教科書(きょうかしょ)です。

木村先生(きむらせんせい)　あれも教科書(きょうかしょ)ですか。

キム　いいえ、あれは教科書(きょうかしょ)ではありません。

あれは雑誌(ざっし)です。

木村先生(きむらせんせい)　じゃ、キムさんの教科書(きょうかしょ)はどれですか。

キム　私(わたし)の教科書(きょうかしょ)はこれです。

これ 이것　**それ** 그것　**教科書(きょうかしょ)** 교과서　**あれ** 저것

雑誌(ざっし) 잡지　**どれ** 어느 것

木村先生　それはけいたい電話ですか。

キム　はい、そうです。

木村先生　だれのけいたい電話ですか。

キム　私のです。

店で

キム　これはいくらですか。

店員　そのかばんは10000円です。

キム　これも10000円ですか。

店員　いいえ、そのかばんは5000円です。

キム　じゃ、これ、お願いします。

けいたい電話 휴대전화　そうです 그렇습니다　だれ 누구　～の ～의, ～의 것
いくら 얼마　その 그　かばん 가방　10000円 만 엔
5000円 오천 엔　じゃ（＝では） 그럼

문형살피기

1 지시어 指示語

	こ 근칭	そ 중칭	あ 원칭	ど 부정칭
사물 事物	これ	それ	あれ	どれ
장소 場所	ここ	そこ	あそこ	どこ
방향 方向	こちら(こっち)	そちら(そっち)	あちら(あっち)	どちら(どっち)
연체사 連体詞	この	その	あの	どの

2 ～は …です。 ～은[는] …입니다.

これ それ あれ	は	辞書(じしょ) 新聞(しんぶん) ノート	です。
		何(なん)	ですか。

3 ～は …のです。 ～은[는] …의 것입니다.

これ それ あれ	は	私(わたし) 木村先生(きむらせんせい) 田中(たなか)さん	の	です。
		だれ	の	ですか。

4

これは教科書(きょうかしょ)です。
→ この教科書(きょうかしょ)は私(わたし)のです。

それはかさです。
→ そのかさは木村先生(きむらせんせい)のです。

5 いくらですか。 얼마입니까?

これはいくらですか。 → それは7000円(ななひゃくえん)です。

숫자읽기

10	20	30	40	50	60	70	80	90
じゅう	にじゅう	さんじゅう	よんじゅう	ごじゅう	ろくじゅう	ななじゅう	はちじゅう	きゅうじゅう
100	200	300	400	500	600	700	800	900
ひゃく	にひゃく	さんびゃく	よんひゃく	ごひゃく	ろっぴゃく	ななひゃく	はっぴゃく	きゅうひゃく
1000	2000	3000	4000	5000	6000	7000	8000	9000
せん	にせん	さんぜん	よんせん	ごせん	ろくせん	ななせん	はっせん	きゅうせん
10000	20000	30000	40000	50000	60000	70000	80000	90000
いちまん	にまん	さんまん	よんまん	ごまん	ろくまん	ななまん	はちまん	きゅうまん

연습하기

1 보기와 같이 문장을 완성하시오.

보기

りんご

● これはりんごです。

❶ ＿＿＿＿＿ は ＿＿＿＿＿＿＿＿＿ です。

❷ ＿＿＿＿＿ は ＿＿＿＿＿＿＿＿＿ です。

❸ ＿＿＿＿＿ は ＿＿＿＿＿＿＿＿＿ です。

2 보기와 같이 문장을 완성하시오

보기

かばん · 佐藤さん

● A : これは だれのかばん ですか。
(だれの)

B : それは佐藤さんのかばんです。
(＝それは佐藤さんのです。)

❶

時計 · スミスさん

❷

車 · マリーさん

❸

本 · 高橋さん

❶ それはだれのですか。→ ________________。

❷ これはだれのですか。→ ________________。

❸ あれはだれのですか。→ ________________。

3 보기와 같이 대답하시오.

보기

15000円

● A : かさはいくらですか。

B : いちまんごせん円です。

❶ 3600円

❷ 1500ウォン

❸ 24000ドル

❹ 600ウォン

❺ 26800円

❶ ネクタイ / 3600円 → A : ________________。

B : ________________。

❷ たばこ / 1500ウォン → A : ________________。

B : ________________。

❸ 車 / 24000ドル → A : ________________。

B : ________________。

❹ 缶コーヒー / 600ウォン → A : ________________。

B : ________________。

❺ めがね / 26800円 → A : ________________。

B : ________________。

花見(はなみ)

4월은 일본의 회계 연도가 시작되는 달이다. 입학식, 입사식이 열리는 계절이기도 한데, 이런 새로운 시작을 장식하는 것이 벚꽃이다. 벚꽃이 만개하는 시기가 되면 각지에서 벚꽃나무 아래에 돗자리 등을 깔고 그 위에서 연회를 갖는 꽃놀이 행사가 열리는데, 회사의 꽃놀이 행사에는 신입사원들이 첫 업무로서 대활약을 하기도 한다. 유명한 꽃놀이 장소에는 많은 이파가 몰리기 때문에 밤 벚꽃놀이(夜桜(よざくら))의 장소를 확보하기 위해 아침부터 양복에 넥타이 차림으로 벚꽃나무 아래에 앉아 자리를 차지하고 있는 신입사원도 자주 볼 수 있다.

Chapter

03 今日(きょう)は暖(あたた)かいですね。

I-04

오늘은 따뜻하네요.

公園(こうえん)のベンチで

マリー　今日(きょう)はいい天気(てんき)ですね。

キム　ええ、そうですね。本当(ほんとう)に暖(あたた)かいですね。

マリー　ところで、キムさん、大学(だいがく)の生活(せいかつ)はどうですか。

キム　とても楽(たの)しいです。

マリー　じゃ、日本語(にほんご)の勉強(べんきょう)はどうですか。

キム　日本語(にほんご)の勉強(べんきょう)ですか。

そうですね……。

あまりおもしろくありません。

マリー　えっ、そうですか。私(わたし)はとてもおもしろいです。

今日(きょう) 오늘	暖(あたた)かい 따뜻하다	いい (= よい) 좋다
天気(てんき) 날씨	本当(ほんとう)に 정말로	ところで 그런데
生活(せいかつ) 생활	どうですか 어떻습니까?	とても 매우

キム　へえ、マリーさんは頭(あたま)がいいですね。

私(わたし)はあまりよくありません。

マリー　そんな……。

キム　うらやましいですね。

楽(たの)しい 즐겁다　勉強(べんきょう) 공부　あまり 그다지, 별로(뒤에 부정을 수반한다)

おもしろい 재미있다　～くありません ～하지 않습니다　頭(あたま) 머리

～が ～이[가]　そんな 그런　うらやましい 부럽다

マリーさんはかわいい人(ひと)です。

マリーさんはやさしい人(ひと)です。

マリーさんは明(あか)るい人(ひと)です。

マリーさんは忙(いそが)しい人(ひと)です。

マリーさんはいい人(ひと)です。

マリーさんは背(せ)が高(たか)い人(ひと)です。

マリーさんは髪(かみ)が長(なが)い人(ひと)です。

マリーさんは目(め)が大(おお)きい人(ひと)です。

かわいい 귀엽다　　やさしい 상냥하다　　明(あか)るい 밝다　　忙(いそが)しい 바쁘다

背(せ) 키　　高(たか)い 크다, 높다, 비싸다　　髪(かみ) 머리카락　　長(なが)い 길다

目(め) 눈　　大(おお)きい 크다

문형살피기

1 ～は …いです。 ～은[는] …합니다.

日本語(にほんご)の勉強(べんきょう)	は	おもしろ	い	です。
キムチ		おいし	い	
となりの部屋(へや)		うるさ	い	
		どう		ですか。

2 ～は …くありません。 ～은[는] …하지 않습니다

私(わたし)の家(いえ)	は	近(ちか)	く	ありません。
日本語(にほんご)		難(むずか)し	く	
天気(てんき)		よ	く	

3 명사수식

彼(かれ)・彼女(かのじょ)	は	冷(つめ)たい	人(ひと)	です。
このノートパソコン		高(たか)い	もの	
アラ大学(だいがく)		広(ひろ)い	ところ	
		どんな	(명사)	ですか。

5 とても／あまり　매우/그다지·별로

とても 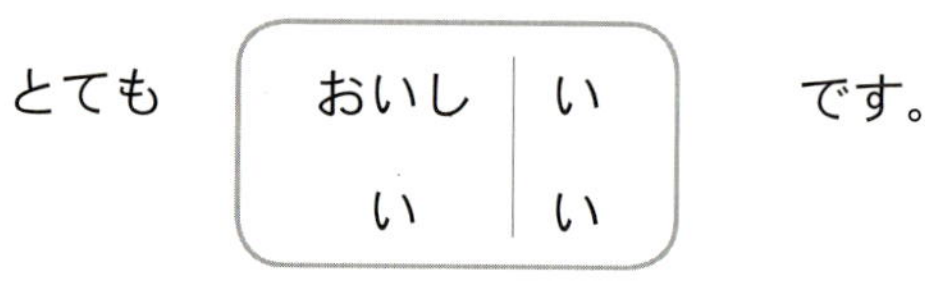 です。

あまり 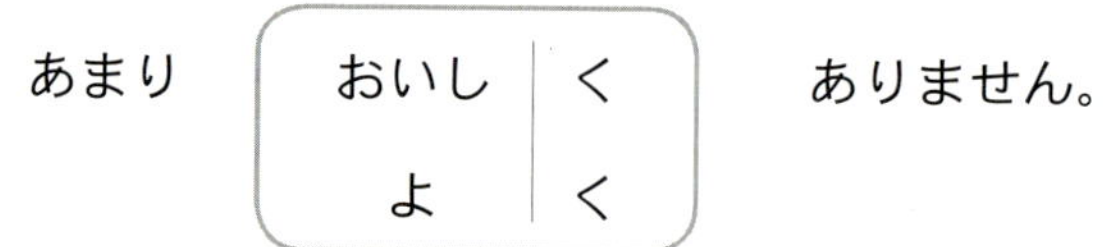 ありません。

연습하기

1 보기와 같이 문장을 완성하시오.

보기

高(たか)い・低(ひく)い

● 富士山(ふじさん)は低(ひく)いですか。

→ いいえ、富士山(ふじさん)は低(ひく)くありません。 高(たか)いです。

❶ 大(おお)きい・小(ちい)さい　❷ 高(たか)い・安(やす)い　❸ 暑(あつ)い・寒(さむ)い

❹ 遠(とお)い・近(ちか)い　❺ いい・悪(わる)い　❻ おいしい・まずい

❶ かばんは大(おお)きいですか。 → ＿＿＿＿＿＿＿＿＿＿＿＿＿＿＿。

❷ カメラは安(やす)いですか。 → ＿＿＿＿＿＿＿＿＿＿＿＿＿＿＿。

❸ ハワイは寒(さむ)いですか。 → ＿＿＿＿＿＿＿＿＿＿＿＿＿＿＿。

❹ 家(いえ)は近(ちか)いですか。 → ＿＿＿＿＿＿＿＿＿＿＿＿＿＿＿。

❺ 成績(せいせき)はいいですか。 → ＿＿＿＿＿＿＿＿＿＿＿＿＿＿＿。

❻ トンカツはおいしいですか。 → ＿＿＿＿＿＿＿＿＿＿＿＿＿＿＿。

2 보기와 같이 문장을 완성하시오.

보기 本(ほん)／難(むずか)しい → A：どんな本(ほん)ですか。　B：難(むずか)しい本(ほん)です。

❶ 映画(えいが)／おもしろい → A：＿＿＿＿＿＿＿＿。B：＿＿＿＿＿＿＿＿。

❷ 料理(りょうり)／おいしい → A：＿＿＿＿＿＿＿＿。B：＿＿＿＿＿＿＿＿。

❸ 家(いえ)／広(ひろ)い → A：＿＿＿＿＿＿＿＿。B：＿＿＿＿＿＿＿＿。

❹ 部屋(へや)／明(あか)るい → A：＿＿＿＿＿＿＿＿。B：＿＿＿＿＿＿＿＿。

❺ トイレ／きたない → A：＿＿＿＿＿＿＿＿。B：＿＿＿＿＿＿＿＿。

❻ 車(くるま)／新(あたら)しい → A：＿＿＿＿＿＿＿＿。B：＿＿＿＿＿＿＿＿。

3 보기와 같이 문장을 완성하시오.

보기 今日(きょう)は忙(いそが)しいですか。 → はい、とても忙(いそが)しいです。
いいえ、あまり忙(いそが)しくありません。

❶ 今日(きょう)は寒(さむ)いですか。 → はい、＿＿＿＿＿＿＿＿。
いいえ、＿＿＿＿＿＿＿＿。

❷ 日本語(にほんご)は難(むずか)しいですか。 → はい、＿＿＿＿＿＿＿＿。
いいえ、＿＿＿＿＿＿＿＿。

❸ サークルは楽(たの)しいですか。 → はい、＿＿＿＿＿＿＿＿。
いいえ、＿＿＿＿＿＿＿＿。

い형용사

新(あたら)しい/古(ふる)い 새롭다/낡다, 오래되다	暑(あつ)い/寒(さむ)い 덥다/춥다	おいしい/まずい 맛있다/맛없다
大(おお)きい/小(ちい)さい 크다/작다	遅(おそ)い/速(はや)い 늦다/빠르다	熱(あつ)い/冷(つめ)たい 뜨겁다/차갑다
涼(すず)しい/暖(あたた)かい 시원하다/따뜻하다	高(たか)い/低(ひく)い 높다/낮다	高(たか)い/安(やす)い 비싸다/싸다
近(ちか)い/遠(とお)い 가깝다/멀다	長(なが)い/短(みじか)い 길다/짧다	広(ひろ)い/せまい 넓다/좁다
難(むずか)しい/易(やさ)しい 어렵다/쉽다	明(あか)るい/暗(くら)い 밝다/어둡다	いい/悪(わる)い 좋다/나쁘다
強(つよ)い/弱(よわ)い 강하다/약하다	重(おも)い/軽(かる)い 무겁다/가볍다	多(おお)い/少(すく)ない 많다/적다
おもしろい 재미있다	忙(いそが)しい 바쁘다	かわいい 귀엽다
うるさい 시끄럽다	楽(たの)しい 즐겁다	きたない 더럽다, 지저분하다
やさしい 상냥하다, 부드럽다	きびしい 엄하다, 격렬하다	すごい 대단하다
あぶない 위험하다	はずかしい 부끄럽다	ひどい 심하다

Chapter

04 兄(あに)はまじめな人(ひと)です。

 I-05

형[오빠]은 성실한 사람입니다.

田中(たなか)さんの部屋(へや)で

キム　これは何(なん)の写真(しゃしん)ですか。

田中(たなか)　あ、これですか。これは私(わたし)の家族(かぞく)の写真(しゃしん)です。

キム　そうですか。こちらはどなたですか。

田中(たなか)　父(ちち)です。

キム　お父(とう)さんですか。ハンサムですね。
お母(かあ)さんもきれいな方(かた)ですね。
ところで、この人(ひと)はお姉(ねえ)さんですか、妹(いもうと)さんですか。

田中(たなか)　姉(あね)です。姉(あね)は料理(りょうり)がとても上手(じょうず)です。

キム　へえ、そうですか。田中(たなか)さんはどうですか。

田中(たなか)　う～ん、好(す)きですが、あまり上手(じょうず)ではありません。
キムさんは何人家族(なんにんかぞく)ですか。

写真(しゃしん) 사진
家族(かぞく) 가족
こちら 이쪽
どなた 누구
父(ちち) 아버지
お父(とう)さん (남의) 아버지
ハンサムだ 잘생기다
お母(かあ)さん (남의) 어머니
きれいだ 아름답다, 깨끗하다
方(かた) 분
お姉(ねえ)さん (남의) 언니, 누나
妹(いもうと)さん (남의) 여동생
姉(あね) 언니, 누나

キム　五人家族(ごにんかぞく)です。父(ちち)、母(はは)、兄(あに)、姉(あね)そして私(わたし)です。

田中(たなか)　お父(とう)さんのお仕事(しごと)は何(なん)ですか。

キム　会社員(かいしゃいん)です。

田中(たなか)　お兄(にい)さんはどんな人(ひと)ですか。

キム　兄(あに)はまじめな人(ひと)です。

田中(たなか)　お兄(にい)さんはスポーツが好(す)きですか。

キム　いいえ、好(す)きではありません。音楽(おんがく)が好(す)きです。

料理(りょうり) 요리	上手(じょうず)だ 잘하다, 능숙하다	好(す)きだ 좋아하다	何人(なんにん) 몇 명
五人(ごにん) 다섯 명	母(はは) 어머니	兄(あに) 형, 오빠	そして 그리고
お～ 존경의 접두어	仕事(しごと) 일	お兄(にい)さん (남의) 형, 오빠	どんな 어떤
まじめだ 성실하다	スポーツ 스포츠	音楽(おんがく) 음악	

문형 살피기

1 ～は …です。 ～은[는] …합니다.

富士山(ふじさん) 新宿(しんじゅく) 来週(らいしゅう)	は	有名(ゆうめい) にぎやか ひま	です。
		どう	ですか。

2 ～は …ではありません。 ～은[는] …하지 않습니다.
(=じゃありません)

キムさん この魚(さかな) 交通(こうつう)	は	親切(しんせつ) 新鮮(しんせん) 便利(べんり)	ではありません。
		どう	ですか。

3 ～が 好(す)き/きらい/上手(じょうず)/下手(へた)です。 ～을[를] 좋아합니다/싫어합니다/잘합니다/못합니다

私(わたし)は	歌(うた) 料理(りょうり) ダンス	が	好(す)きです / きらいです。 上手(じょうず)です / 下手(へた)です。	
木村(きむら)さんは	何(なに)	が	～	か。

4 명사수식

図書館(としょかん)	は	静か(しず)か	な	ところ	です。
これ		丈夫(じょうぶ)	な	いす	
マリーさん		すてき	な	人(ひと)	
		どんな		(명사)	ですか。

연습하기

1 보기와 같이 문장을 완성하시오.

보기

A : 富士山(ふじさん)は有名(ゆうめい)ですか。

B : はい、有名(ゆうめい)です。 / いいえ、有名(ゆうめい)ではありません。

❶ あなたの友(とも)だちは親切(しんせつ)ですか。 → はい、＿＿＿＿＿＿＿＿＿＿＿＿＿＿。

いいえ、＿＿＿＿＿＿＿＿＿＿＿＿＿＿。

❷ アラ大学(だいがく)は静(しず)かですか。 → はい、＿＿＿＿＿＿＿＿＿＿＿＿＿＿。

いいえ、＿＿＿＿＿＿＿＿＿＿＿＿＿＿。

❸ コンビニは便利(べんり)ですか。 → はい、＿＿＿＿＿＿＿＿＿＿＿＿＿＿。

いいえ、＿＿＿＿＿＿＿＿＿＿＿＿＿＿。

❹ あなたの部屋(へや)はきれいですか。 → はい、＿＿＿＿＿＿＿＿＿＿＿＿＿＿。

いいえ、＿＿＿＿＿＿＿＿＿＿＿＿＿＿。

❺ 肉(にく)が好(す)きですか。 → はい、＿＿＿＿＿＿＿＿＿＿＿＿＿＿。

いいえ、＿＿＿＿＿＿＿＿＿＿＿＿＿＿。

2 보기와 같이 문장을 완성하시오.

보기

学校(がっこう) / 有名(ゆうめい)だ

A : どんな学校(がっこう)ですか。　　B : 有名(ゆうめい)な学校(がっこう)です。

❶ 人(ひと) / きれいだ → A : ______________________。

B : ______________________。

❷ ところ / にぎやかだ → A : ______________________。

B : ______________________。

❸ もの / 大切(たいせつ)だ → A : ______________________。

B : ______________________。

❹ 先生(せんせい) / すてきだ → A : ______________________。

B : ______________________。

❺ 仕事(しごと) / 大変(たいへん)だ → A : ______________________。

B : ______________________。

3 보기와 같이 문장을 완성하시오.

보기

A：どんな果物(くだもの)が好(す)きですか。

B：<u>りんごが好(す)きです</u>。

❶ A：どんなスポーツが上手(じょうず)ですか。

B：＿＿＿＿＿＿＿＿＿＿＿＿＿＿＿＿＿＿。

❷ A：どんな食(た)べ物(もの)がきらいですか。

B：＿＿＿＿＿＿＿＿＿＿＿＿＿＿＿＿＿＿。

❸ A：どんな飲(の)み物(もの)が好(す)きですか。

B：＿＿＿＿＿＿＿＿＿＿＿＿＿＿＿＿＿＿。

果物(くだもの)	みかん	すいか	りんご	バナナ	いちご
スポーツ	野球(やきゅう)	サッカー	バスケットボール	水泳(すいえい)	スキー
食(た)べ物(もの)	カレー	うどん	トンカツ	ラーメン	どんぶり
飲(の)み物(もの)	コーヒー	ジュース	コーラ	ビール	ワイン

な형용사

きれいだ 깨끗하다	元気(げんき)だ 건강하다	静(しず)かだ 조용하다
上手(じょうず)だ / 下手(へた)だ 잘하다 / 못하다	好(す)きだ / きらいだ 좋아하다 / 싫어하다	有名(ゆうめい)だ 유명하다
便利(べんり)だ 편리하다	親切(しんせつ)だ 친절하다	大変(たいへん)だ 힘들다
ひまだ 한가하다	まじめだ 성실하다	すてきだ 멋지다, 예쁘다
にぎやかだ 붐비다, 북적이다	ハンサムだ 잘생기다	丈夫(じょうぶ)だ 튼튼하다

가족호칭

Chapter

05 たこ焼(や)きはおいしくて安(やす)かったです。

 I-06

다코야키는 맛있고 저렴했습니다.

中庭(なかにわ)のベンチで

マリー　キムさん、お久(ひさ)しぶりですね。お元気(げんき)ですか。

キム　ええ、おかげさまで。

マリー　ところで、大阪(おおさか)の旅行(りょこう)は楽(たの)しかったですか。

キム　はい、とても楽(たの)しかったです。

マリー　天気(てんき)はよかったですか。

キム　いいえ、あまりよくありませんでした。

マリー　大阪(おおさか)の街(まち)はどうでしたか。

キム　大阪(おおさか)の人(ひと)は親切(しんせつ)で、街(まち)はにぎやかでした。

マリー　ホテルはきれいでしたか。

大阪(おおさか) 오사카	お久(ひさ)しぶり 오래간만	元気(げんき)だ 건강하다	ええ 예
おかげさまで 덕분에	ところで 그런데	旅行(りょこう) 여행	街(まち) 거리
ホテル 호텔	じゃ(=では) 그럼	食(た)べ物(もの) 음식	たこ焼(や)き 다코야키

キム　いいえ、きれいではありませんでしたが、
広(ひろ)かったです。

マリー　じゃ、食(た)べ物(もの)はどうでしたか。

キム　たこ焼(や)きがおいしくて安(やす)かったです。

マリー　ほかに何(なに)が有名(ゆうめい)ですか。

キム　大阪城(おおさかじょう)とUSJが有名(ゆうめい)です。

ほかに 그 외에　　大阪城(おおさかじょう) 오사카성　　～と ～와[과]

USJ 유니버설 스튜디오 저팬의 약칭(Universal Studio Japan : ユニバーサル・スタジオ・ジャパン)

문형 살피기

1 ～は …かったです。 ～은[는] …했습니다.

先週(せんしゅう) / 天気(てんき)	は	忙(いそが)し / よ	かったです。
		どう	でしたか。

～は …くありませんでした。 ～은[는] …하지 않습니다.
(=…くなかったです)

テスト / 駅弁(えきべん)	は	難(むずか)し / おいし	くありませんでした。
		どう	でしたか。

2 ～は …でした。 ～은[는] …했습니다.

昨日(きのう) / 交通(こうつう)	は	ひま / 不便(ふべん)	でした。
		どう	でしたか。

～は …ではありませんでした。 ～은[는] …하지 않습니다.

さしみ / レポート	は	新鮮(しんせん) / 簡単(かんたん)	ではありませんでした。
		どう	でしたか。

3 ～は —くて、…です。　～은[는] —하고, …합니다.
—で、

彼女(かのじょ) 神社(じんじゃ)	は	かわい 広(ひろ)	くて、	親切(しんせつ) 静(しず)か	です。
このパソコン 公園(こうえん)	は	丈夫(じょうぶ) 静(しず)か	で、	便利(べんり) 広(ひろ)い	です。

4 ～が …です。　～만, …합니다.

日本語(にほんご)は難(むずか)しいです 店(みせ)の人(ひと)は親切(しんせつ)です 歌(うた)は好(す)きです キムチはおいしいです	が、	おもしろいです。 料理(りょうり)はおいしくないです。 上手(じょうず)ではありません。 辛(から)いです。

연습하기

1 보기와 같이 문장을 완성하시오.

보기

A : デートは楽(たの)しかったですか。

B : はい、楽(たの)しかったです。/ いいえ、楽(たの)しくありませんでした。

A : キムさんは元気(げんき)でしたか。

B : はい、元気(げんき)でした。/ いいえ、元気(げんき)ではありませんでした。

❶ 済州(チェジュ)の空気(くうき)はきれいでしたか。 → はい、＿＿＿＿＿＿＿＿＿＿＿＿＿＿。
いいえ、＿＿＿＿＿＿＿＿＿＿＿＿＿＿。

❷ アルバイトは大変(たいへん)でしたか。 → はい、＿＿＿＿＿＿＿＿＿＿＿＿＿＿。
いいえ、＿＿＿＿＿＿＿＿＿＿＿＿＿＿。

❸ パーティーはおもしろかったですか。 → はい、＿＿＿＿＿＿＿＿＿＿＿＿。
いいえ、＿＿＿＿＿＿＿＿＿＿＿＿。

❹ 今朝(けさ)は寒(さむ)かったですか。 → はい、＿＿＿＿＿＿＿＿＿＿＿＿＿＿。
いいえ、＿＿＿＿＿＿＿＿＿＿＿＿＿＿。

❺ 日本語(にほんご)の先生(せんせい)はきびしかったですか。 → はい、＿＿＿＿＿＿＿＿＿＿＿＿。
いいえ、＿＿＿＿＿＿＿＿＿＿＿＿。

❻ 小(ちい)さいとき、体(からだ)が弱(よわ)かったですか。 → はい、＿＿＿＿＿＿＿＿＿＿＿＿。
いいえ、＿＿＿＿＿＿＿＿＿＿＿＿。

2 보기와 같이 문장을 완성하시오.

보기

- 親切(しんせつ)だ + おもしろい ➜ 私の友だちは 親切(しんせつ)で、おもしろいです。
- おもしろい + 親切(しんせつ)だ ➜ 私の友だちは おもしろくて、親切(しんせつ)です。

❶ 古(ふる)い + きたない ➜ 私(わたし)の車(くるま)は＿＿＿＿＿＿＿＿＿＿＿＿＿＿＿＿。

❷ きれいだ + 有名(ゆうめい)だ ➜ 神戸(こうべ)の夜景(やけい)は＿＿＿＿＿＿＿＿＿＿＿＿＿＿＿＿。

❸ 料理(りょうり)が上手(じょうず)だ + やさしい + きれいだ

➜ 私(わたし)の妻(つま)は＿＿＿＿＿＿＿＿＿＿＿＿＿＿＿＿＿＿＿＿。

❹ ハンサムだ + おもしろい + 親切(しんせつ)だ + 背(せ)が高(たか)い

➜ ＿＿＿＿＿＿＿＿＿＿＿＿＿＿＿＿＿＿＿＿男(おとこ)の人(ひと)が好(す)きです。

3 다음을 일본어로 작문하시오.

❶ 내 방은 넓지만, 깨끗하지 않습니다.

➜ ＿＿＿＿＿＿＿＿＿＿＿＿＿＿＿＿＿＿＿＿＿＿＿＿。

❷ 어제는 한가했습니다만, 오늘은 바쁩니다.

➜ ＿＿＿＿＿＿＿＿＿＿＿＿＿＿＿＿＿＿＿＿＿＿＿＿。

❸ 내 친구는 키가 크고 잘 생겼습니다만, 별로 친절하지 않습니다.

➜ ＿＿＿＿＿＿＿＿＿＿＿＿＿＿＿＿＿＿＿＿＿＿＿＿。

오사카성 大阪城

오사카성은 오사카를 대표하는 관광 명소의 하나로, 웅장한 덴슈카쿠(天守閣) 와 거대한 돌담으로 유명하다. 도요토미 히데요시(豊臣秀吉) 가 일본을 통일한 뒤 3년에 걸친 공사 끝에 1586년에 완성, 그 당시의 그의 권력을 한눈에 느낄 수 있다. 1615년에 전란으로 파괴된 뒤 도쿠가와(徳川) 가문에서 재건하였다.

그 후 다시 벼락 등으로 소실되었다가 현재의 모습으로 1931년에 재건되었다.

도톰보리 道頓堀 와 신사이바시 心斎橋

오사카를 상징하는 식도락의 거리, 유행의 거리. 일본의 음식점과 술집, 오락실과 극장 등의 다양한 시설들이 들어서 있는 거리이다. 아메리카무라(アメリカ村) 와 유럽무라(ヨーロッパ村) 등이 있어 젊은이들이 많이 모이는 거리이다.

USJ Universal Studio Japan

ユニバーサル・スタジオ・ジャパン

2001년 3월에 개장한 유니버설 스튜디오 재팬은 할리우드의 유명한 영화를 테마로 한 탈것과 쇼, 어트랙션을 어린이부터 어른에 이르기까지 흥미진진하게 할리우드를 체험할 수 있도록 구성한 테마파크이다.

다코야키 たこ焼(や)き

일본식 붕어빵이라고 할 수 있는 다코야키는 철판의 둥근 구멍에 밀가루반죽을 부어서 문어를 조금 썰어 넣고 구운 것에 파래김, 가다랭이 가루를 뿌린 것으로 1940년경에 오사카에서 가장 먼저 선보였다.

Chapter

06 北海道(ほっかいどう)と沖縄(おきなわ)とどちらがいいですか。

I-07

훗카이도와 오키나와 중 어느 쪽이 좋은가요?

部室(ぶしつ)で

キム　佐藤(さとう)さん、今度(こんど)のゴールデンウィークに旅行(りょこう)したいんですが、北海道(ほっかいどう)と沖縄(おきなわ)とどちらがいいですか。

佐藤(さとう)　どちらもいいですが、沖縄(おきなわ)より北海道(ほっかいどう)の方(ほう)がいいですよ。富良野(ふらの)のラベンダーはとても有名(ゆうめい)ですよ。

キム　そうですか。じゃ、食(た)べ物(もの)の中(なか)で何(なに)が一番有名(いちばんゆうめい)ですか。

佐藤(さとう)　ラーメンが一番有名(いちばんゆうめい)です。

キム　へえ、ラーメンですか。
ああ、なんだかお腹(なか)がすきましたね。
ところで、今何時(いまなんじ)ですか。

部室(ぶしつ) 동아리 방	ゴールデンウィーク 골든위크(황금연휴)		北海道(ほっかいどう) 훗카이도
沖縄(おきなわ) 오키나와	どちらも 양쪽 모두	～より ～보다	～の方(ほう) ～쪽
富良野(ふらの) 후라노(지명)	ラベンダー 라벤더	ラーメン 라면	なんだか 왠지
お腹(なか)がすきました 배가 고픕니다		今(いま) 지금	何時(なんじ) 몇 시

佐藤(さとう)　ちょうど１２時(じゅうにじ)です。

キム　昼休(ひるやす)みは何時(なんじ)から何時(なんじ)までですか。

佐藤(さとう)　１２時(じゅうにじ)から１時(いちじ)までです。

キム　じゃ、そろそろ食事(しょくじ)に行(い)きましょうか。

ちょうど 마침, 정각	１２時(じゅうにじ) 12시	昼休(ひるやす)み 점심시간	～から ～부터
～まで ～까지	そろそろ 슬슬	食事(しょくじ) 식사	行(い)きましょうか 갈까요?

문형 살피기

1 Aと Bと どちらが …ですか。 A하고 B하고 어느 쪽이 …합니까?

➜ Aより Bの方(ほう)が …です。 ➜ A보다 B쪽이 …합니다.

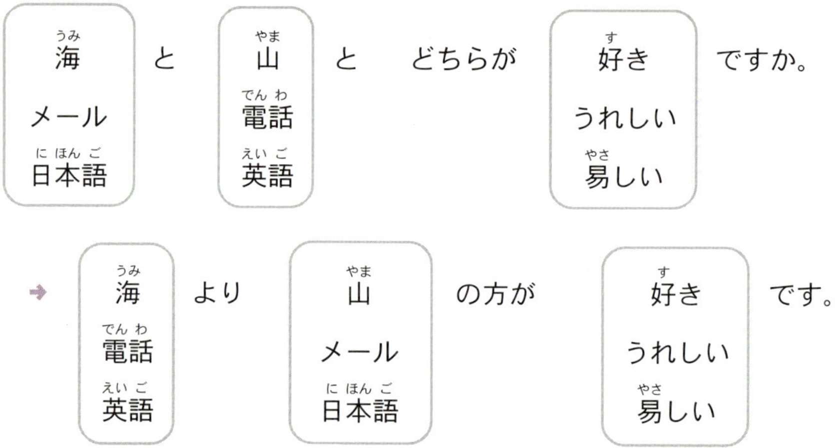

2 Aの中で Bが 一番(いちばん) …ですか。 A중에서 B가 가장 …합니까?

➜ ～が 一番(いちばん) …です。 ➜ ～을[를] 가장 …합니다.

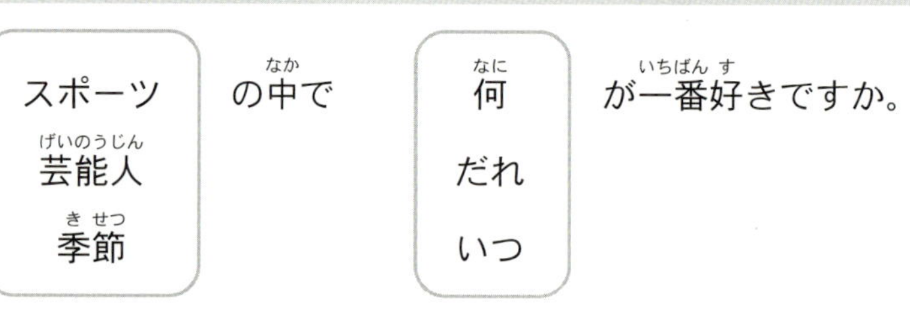

➜ サッカー / BOA / 春(はる) が一番好(いちばんす)きです。

3 시간

- A : 今、何時ですか。
  - ➜ B : 今、7時です。
- A : 銀行は何時から何時までですか。
  - ➜ B : 銀行は午前9時から午後5時までです。

▶ **시**(時)

1時	いちじ	8時	はちじ
2時	にじ	9時	くじ
3時	さんじ	10時	じゅうじ
4時	よじ	11時	じゅういちじ
5時	ごじ	12時	じゅうにじ
6時	ろくじ	何時	なんじ
7時	しちじ		

▶ **분**(分)

1分	いっぷん	15分	じゅうごふん
2分	にふん	20分	にじゅっぷん / にじっぷん
3分	さんぷん	25分	にじゅうごふん
4分	よんぷん	30分	さんじゅっぷん / さんじっぷん / 半
5分	ごふん	35分	さんじゅうごふん
6分	ろっぷん	40分	よんじゅっぷん / よんじっぷん
7分	ななふん	45分	よんじゅうごふん
8分	はっぷん	50分	ごじゅっぷん / ごじっぷん
9分	きゅうふん	55分	ごじゅうごふん
10分	じゅっぷん / じっぷん	何分	なんぷん

연습하기

1 보기와 같이 문장을 완성하시오.

보기

● りんご・バナナ・好(す)きです

A: りんごとバナナとどちらが好(す)きですか。

B: りんごよりバナナの方(ほう)が好(す)きです。

❶

● ビール・しょうちゅう・好(す)きです

A: ________________。

B: ________________。

❷

● 夏(なつ)・冬(ふゆ)・好(す)きです

A: ________________。

B: ________________。

❸

● 電車(でんしゃ)・バス・便利(べんり)です

A: ________________。

B: ________________。

2 보기와 같이 문장을 완성하시오.

보기

● さしみ・すし・そば…

A：日本料理(にほんりょうり)の中(なか)で何(なに)が一番(いちばん)おいしいですか。

B：さしみが一番(いちばん)おいしいです。

❶ ソラク山(さん)・済州(チェジュ)・釜山(プサン)…

A：韓国(かんこく)でどこが一番(いちばん)きれいですか。

B：＿＿＿＿＿＿＿＿＿＿＿＿＿＿＿＿＿＿＿＿。

❷ にんじん・玉(たま)ねぎ・にんにく…

A：野菜(やさい)の中(なか)で何(なに)が一番(いちばん)きらいですか。

B：＿＿＿＿＿＿＿＿＿＿＿＿＿＿＿＿＿＿＿＿。

❸ 父(ちち)・母(はは)・兄(あに)・姉(あね)・妹(いもうと)・弟(おとうと)・私(わたし)…

A：家族(かぞく)の中(なか)でだれが一番(いちばん)背(せ)が高(たか)いですか。

B：＿＿＿＿＿＿＿＿＿＿＿＿＿＿＿＿＿＿＿＿。

3 보기와 같이 문장을 완성하시오.

● A : 今(いま)、何時(なんじ)ですか。

B : じゅうにじです。

❶

4 : 05

A: 今(いま)、何時(なんじ)ですか。

B: ____________________。

❷

7 : 30

A: 今(いま)、何時(なんじ)ですか。

B: ____________________。

❸

9 : 10

A: 今(いま)、何時(なんじ)ですか。

B: ____________________。

4 보기와 같이 문장을 완성하시오.

보기

AM9 : 00〜PM5 : 00

● A : 郵便局(ゆうびんきょく)は何時(なんじ)から何時(なんじ)までですか。

B : 午前(ごぜん)9時(くじ)から午後(ごご)5時(ごじ)までです。

❶

AM9 : 30〜PM4 : 30

A: 銀行(ぎんこう)は何時(なんじ)から何時(なんじ)までですか。

B: ________________________。

❷

AM10 : 00〜PM6 : 40

A: 病院(びょういん)は何時(なんじ)から何時(なんじ)までですか。

B: ________________________。

❸

PM5 : 00〜PM7 : 30

A: 会議(かいぎ)は何時(なんじ)から何時(なんじ)までですか。

B: ________________________。

5 다음을 일본어로 작문하시오.

❶ 배보다 비행기 쪽이 빠릅니다. (船(ふね)・飛行機(ひこうき))

➜ ____。

❷ 세계에서 어디가 가장 넓습니까? (世界(せかい))

➜ ____。

いっぷくしよう

원숭이 엉덩이는 빨개
猿(さる)のおしりは赤(あか)い
빨간 건 사과, 사과는 맛있어
赤(あか)いのはりんご、りんごはおいしい
맛있는 건 바나나, 바나나는 길어
おいしいのはバナナ、バナナは長(なが)い
긴 건 기차, 기차는 빨라
長(なが)いのは汽車(きしゃ)、汽車(きしゃ)は速(はや)い
빠른 건 비행기, 비행기는 높아
速(はや)いのは飛行機(ひこうき)、飛行機(ひこうき)は高(たか)い
높은 건 하늘, 하늘은 파랗다
高(たか)いのは空(そら)、空(そら)は青(あお)い
파란 건 바다, 바다는 깊어
青(あお)いのは海(うみ)、海(うみ)は深(ふか)い
깊은 건 내 마음
深(ふか)いのは私(わたし)の心(こころ)

홋카이도는 일본의 북단에 위치하여 사방이 바다로 둘러싸인 섬으로서 일본 전국토의 약 22%를 차지하여 광대한 토지가 펼쳐져 있다.

삿포로의 눈축제, 몬베쓰의 유빙축제, 여름에 열리는 후라노의 라벤다 축제 등 풍어와 조업의 안전을 기원하며 홋카이도에서는 연간 약 1,200회 이상의 계절별 축제가 열린다.

삿포로 눈축제 札幌雪祭り(さっぽろゆきまつり)

홋카이도 최대의 축제인 삿포로 눈축제는 제2차 세계대전 패전의 아픔을 딛고 일어선 시민들을 위로하고, 춥고 긴 겨울을 즐겁게 잘 보내자는 의도로 1950년부터 개최되기 시작하였다.

축제 기간인 2월초에 삿포로의 중심부를 통과하는 오도리 공원 등 네 곳에서 매년 2월 초에 1주일간 열린다.

눈축제에 앞서 삿포로의 밤을 밝혀주는 '화이트 일루미네이션'은 축제 분위기를 한껏 고조시킨다. 화이트 일루미네이션은 매년 11월 하순부터 2월 중순까지 진행된다.

징기스칸 ジンギスカン

숙주나물, 양파 등, 홋카이도에서 생산되는 신선한 야채와 양고기를 함께 구워서 특별한 양념소스에 찍어 먹는 요리가 징기스칸이다.

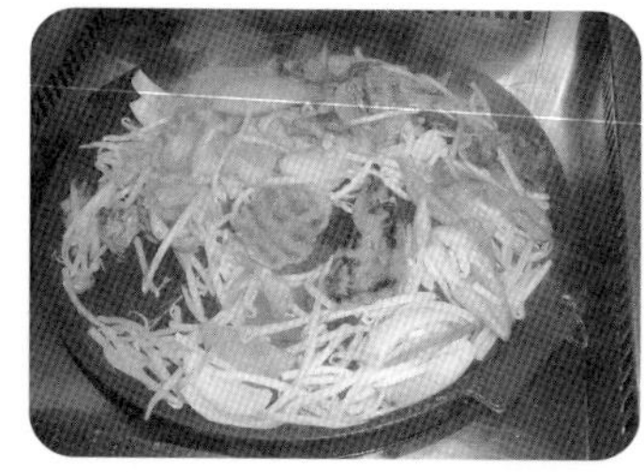

삿포로의 미소라멘

みそラーメン

삿포로 라멘의 유래는 제2차 세계대전 전후로 거슬러 올라간다. 전후에 만주에서 귀환한 사람들이 정착하여 고안한 라멘이 바로 삿포로의 미소라멘이다. 그 때부터 대를 이어 영업하는 가게들이 많다.

삿포로 맥주 サッポロビール

삿포로의 자존심, 삿포로맥주. 삿포로 도시설계 당시부터 계획된 것이 삿포로맥주회사인데, 이 지방의 땅이 넓고 물이 좋아 맥주로 유명한 뮌헨과 밀워키와 동일 위도상이라는 기후 조건 때문에 맥주산업의 최적합지로 꼽힌다. 홋카이도 상징인 북극성은 삿포로 맥주의 엠블럼이기도 하다.

Chapter

07 ハンバーグ二(ふた)つください。

햄버그스테이크 둘 주세요.

 I-08

レストランで

店員(てんいん)　いらっしゃいませ。ご注文(ちゅうもん)は。

キム　この店(みせ)のお勧(すす)めは何(なん)ですか。

店員(てんいん)　ハンバーグとトンカツが一番人気(いちばんにんき)がありますが。

キム　佐藤(さとう)さんはどちらがいいですか。

佐藤(さとう)　私(わたし)はトンカツよりハンバーグの方(ほう)が好(す)きですが、キムさんは。

キム　私(わたし)もハンバーグの方(ほう)が好(す)きです。じゃ、ハンバーグ二(ふた)つください。

いらっしゃいませ 어서 오십시오　注文(ちゅうもん) 주문　店(みせ) 가게
お勧(すす)め 추천　ハンバーグ 햄버그스테이크　トンカツ 포크커틀릿
一番(いちばん) 가장, 제일　人気(にんき) 인기　どちら 어느 쪽

店員(てんいん)　ハンバーグ二(ふた)つですね。少々(しょうしょう)お待(ま)ちください。

いい 좋다
~より ~보다
二(ふた)つ 두 개
少々(しょうしょう) 잠시, 잠깐
お待(ま)ちください 기다려 주십시오

문형 살피기

▶ 조수사

1 いくつですか。 몇 개입니까?

ひと 一つ	ふた 二つ	みっ 三つ	よっ 四つ	いつ 五つ
むっ 六つ	なな 七つ	やっ 八つ	ここの 九つ	とお 十

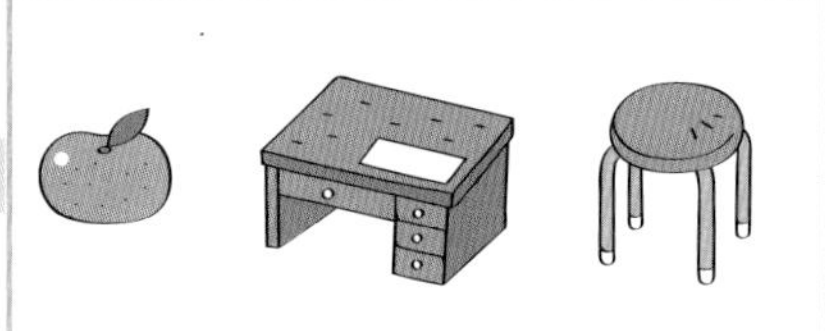

2 何人(なんにん)ですか。 몇 명입니까?

ひとり 一人	ふたり 二人	さんにん 三人	よ にん 四人	ご にん 五人
ろくにん 六人	しちにん 七人	はちにん 八人	きゅうにん 九 人	じゅうにん 十 人

3 何枚(なんまい)ですか。 몇 장입니까?

いちまい 一枚	に まい 二枚	さんまい 三枚	よんまい 四枚	ご まい 五枚
ろくまい 六枚	ななまい 七枚	はちまい 八枚	きゅうまい 九 枚	じゅうまい 十 枚

4 何台(なんだい)ですか。 몇 대입니까?

いちだい 一台	に だい 二台	さんだい 三台	よんだい 四台	ご だい 五台
ろくだい 六台	ななだい 七台	はちだい 八台	きゅうだい 九 台	じゅうだい 十 台

5 何冊(なんさつ)ですか。　몇 권입니까?

一冊(いっさつ)	二冊(にさつ)	三冊(さんさつ)	四冊(よんさつ)	五冊(ごさつ)
六冊(ろくさつ)	七冊(ななさつ)	八冊(はっさつ)	九冊(きゅうさつ)	十冊(じゅっさつ)

6 何足(なんぞく)ですか。　몇 켤레입니까?

一足(いっそく)	二足(にそく)	三足(さんぞく)	四足(よんそく)	五足(ごそく)
六足(ろくそく)	七足(ななそく)	八足(はっそく)	九足(きゅうそく)	十足(じゅっそく)

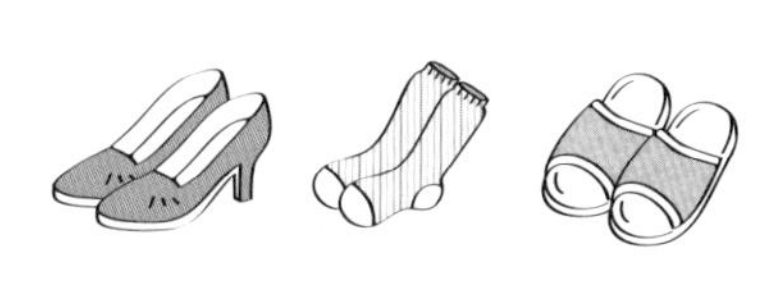

7 何階(なんがい)ですか。　몇 층입니까?

一階(いっかい)	二階(にかい)	三階(さんがい)	四階(よんかい)	五階(ごかい)
六階(ろっかい)	七階(ななかい)	八階(はちかい)	九階(きゅうかい)	十階(じゅっかい)

8 何杯(なんばい)ですか。　몇 잔입니까?

一杯(いっぱい)	二杯(にはい)	三杯(さんばい)	四杯(よんはい)	五杯(ごはい)
六杯(ろっぱい)	七杯(ななはい)	八杯(はっぱい)	九杯(きゅうはい)	十杯(じゅっぱい)

9 何本(なんぼん)ですか。 몇 병(자루)입니까?

いっぽん 一本	に ほん 二本	さんぼん 三本	よんほん 四本	ご ほん 五本
ろっぽん 六本	ななほん 七本	はっぽん 八本	きゅうほん 九本	じゅっぽん 十本

10 何匹(なんびき)ですか。 몇 마리입니까?

いっぴき 一匹	に ひき 二匹	さんびき 三匹	よんひき 四匹	ご ひき 五匹
ろっぴき 六匹	ななひき 七匹	はっぴき 八匹	きゅうひき 九匹	じゅっぴき 十匹

연습하기

1 보기와 같이 문장을 완성하시오.

보기

- A：りんごはいくつありますか。
  B：三つ(みっ) ありますか。

❶

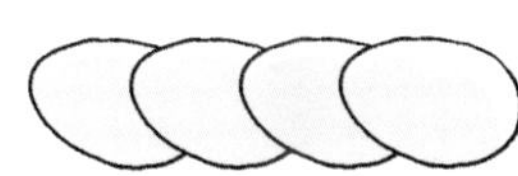

A: たまごはいくつありますか。

B: ＿＿＿＿＿＿ あります。

❷

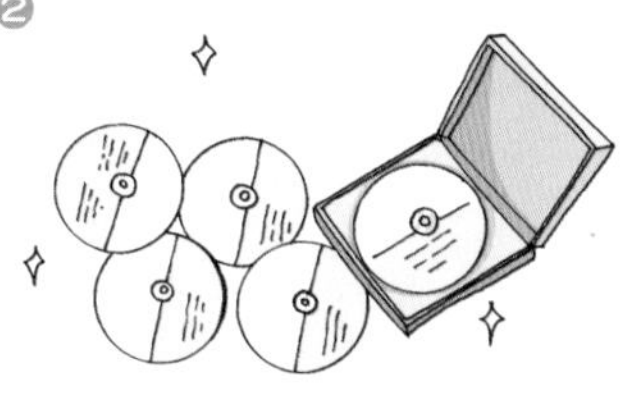

A: CD(シーディー)は何枚(なんまい)ありますか。

B: ＿＿＿＿＿＿ あります。

❸

A: 車(くるま)は何台(なんだい)ありますか。

B: ＿＿＿＿＿＿ あります。

❹

A: 子(こ)どもは何人(なんにん)いますか。

B: ＿＿＿＿＿＿ います。

⑤

A: 犬(いぬ)は何匹(なんびき)いますか。

B: ＿＿＿＿＿＿＿います。

⑥

A: くつは何足(なんぞく)ありますか。

B: ＿＿＿＿＿＿＿あります。

⑦

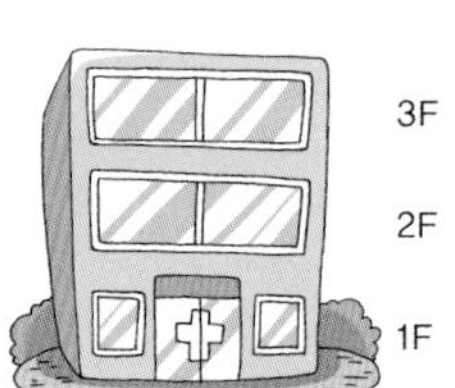

A: 病院(びょういん)は何階(なんがい)にありますか。

B: ＿＿＿＿＿＿＿にあります。

⑧

A: ジュースは何杯(なんばい)ありますか。

B: ＿＿＿＿＿＿＿あります。

⑨

A: 本(ほん)は何冊(なんさつ)ありますか。

B: ＿＿＿＿＿＿＿あります。

⑩

A: バナナは何本(なんぼん)ありますか。

B: ＿＿＿＿＿＿＿あります。

2 보기와 같이 문장을 완성하시오.

보기

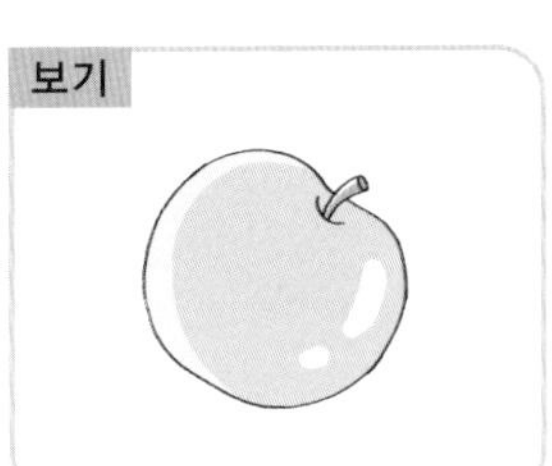

● りんご

A: りんご一(ひと)つください。

B: りんご一(ひと)つですね。

❶

● シャツ

A: ＿＿＿＿＿＿＿＿＿＿＿＿＿＿＿＿。

B: ＿＿＿＿＿＿＿＿＿＿＿＿＿＿＿＿。

❷

● カメラ

A: ＿＿＿＿＿＿＿＿＿＿＿＿＿＿＿＿。

B: ＿＿＿＿＿＿＿＿＿＿＿＿＿＿＿＿。

❸

● 傘(かさ)

A: ＿＿＿＿＿＿＿＿＿＿＿＿＿＿＿＿。

B: ＿＿＿＿＿＿＿＿＿＿＿＿＿＿＿＿。

④

● くつした

A: ________________________________。

B: ________________________________。

⑤

● みかん

A: ________________________________。

B: ________________________________。

3 다음 질문에 답하시오.

① 何人家族(なんにんかぞく)ですか。

➜ ________________________________。

② 日本語(にほんご)の本(ほん)は何冊(なんさつ)ありますか。

➜ ________________________________。

② くつは何足(なんぞく)ありますか。

➜ ________________________________。

4 다음을 일본어로 작문하시오.

① 집에 고양이가 한 마리 있습니다.

➜ ________________________________。

② 교실에 책상이 열 개 있습니다.

➜ ________________________________。

Copyrights © JNTO

端午(たんご)の節句(せっく)

여자아이를 위한 히나마쓰리가 있듯이, 5월 5일 단오가 되면 남자아이의 성장을 축하하는 행사를 한다.

이 날이 되면 전통적으로 무를 숭상하는 일본에서는 아이의 출세를 바라는 의미로 고가쓰닌교(5月人形(ごがつにんぎょう))라는 일본 무사인형을 집안에 장식하고, 집밖 지붕 위에 고이노보리(鯉(こい)のぼり)라는 잉어 모양의 장식을 해서 건강하게 자라기를 기원한다.

이 날 먹는 음식으로는 작은 대나무 잎에 쌓여져 있는 지마키(ちまき)와 흰 떡 안에 으깬 팥을 넣어 떡갈나무 잎으로 싼 가시와모치(柏餅(かしわもち)) 등이 있다.

Chapter

08 教室(きょうしつ)に誰(だれ)がいますか。

 1-09

교실에 누가 있습니까?

大学(だいがく)のキャンパスで

マリー　あのう、すみません。図書館(としょかん)はどこにありますか。

学生(がくせい)　図書館(としょかん)ですか。あそこです。あの白(しろ)い建物(たてもの)のとなりです。

マリー　そうですか。どうもすみません。

学生(がくせい)　いいえ。

. . . .

図書館(としょかん)のロビーで

マリー　（小(ちい)さい声(こえ)で）こんにちは。キムさんはここにいますか。

田中(たなか)　いいえ、キムさんは１階(いっかい)にはいません。３階(さんがい)にいます。

キャンパス 캠퍼스	あのう 저	図書館(としょかん) 도서관	どこ 어디
あります 있습니다	あそこ 저기	あの 저	白(しろ)い 하얗다
建物(たてもの) 건물	となり 옆	どうも 매우	
すみません 미안합니다, 고맙습니다		ロビー 로비	小(ちい)さい 작다
声(こえ) (목)소리	～で ～로	こんにちは 낮인사	ここ 여기
います 있습니다	いません 없습니다		

マリー　３階には何がありますか。

田中　３階には日本の雑誌や新聞や辞書などがあります。

マリー　キムさんは３階のどこにいますか。

田中　日本の雑誌コーナーにいます。

マリー　そうですか。どうも。

１階 1층	３階 3층	雑誌 잡지	～や ～이나, ～과
新聞 신문	辞書 사전	～など ～등	コーナー 코너

문형 살피기

1 ～に …が　います。　～에 …이[가] 있습니다.
　　　　　　　ありま す。

あそこ	に	子(こ)ども 猫(ねこ)	が	います。
		誰(だれ)・何(なに)	が	いますか。

あそこ	に	電話(でんわ) 自転車(じてんしゃ)	が	あります。
		何(なに)	が	ありますか。

2 ～に …が いません。　～에 …이[가] 없습니다.
　　　　　　ありません。

あそこ	には	女(おんな)の人(ひと)	が	いません。
		誰(だれ)・何(なに)	も	いません。

あそこ	には	木(き)	が	ありません。
		何(なに)	も	ありません。

3 ～の ―に …が　います。　～의 ―에 …이[가] 있습니다.
　　　　　　　　　あります。

郵便局(ゆうびんきょく)	の	前(まえ)	に	田中(たなか)さん	が	います。
		となり		銀行(ぎんこう)		あります。

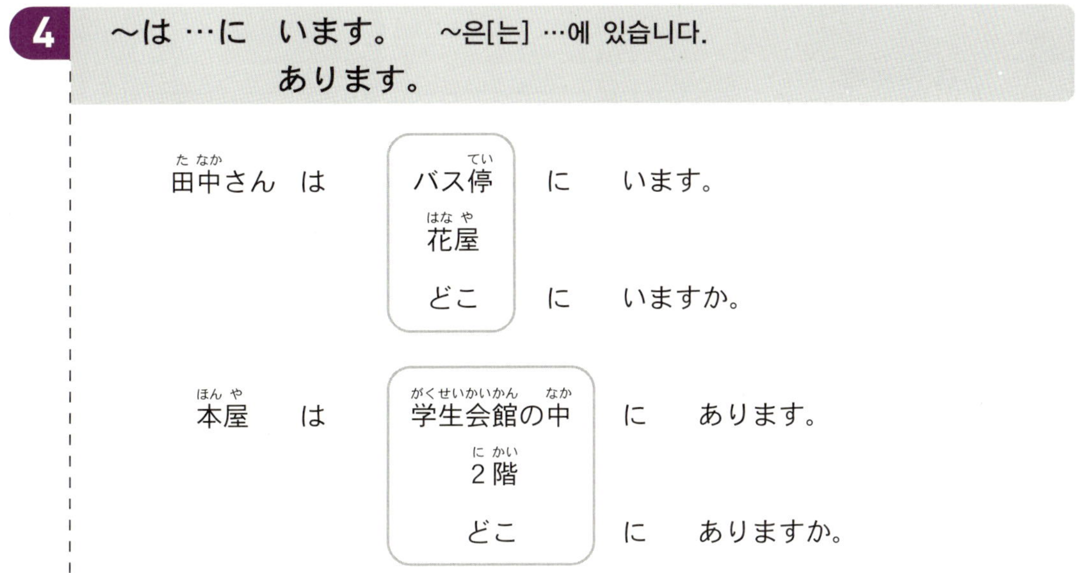

4 ～は …に います。 ～은[는] …에 있습니다.
あります。

田中(たなか)さん は バス停(てい) に います。

花屋(はなや)

どこ に いますか。

本屋(ほんや) は 学生会館(がくせいかいかん)の中(なか) に あります。

2階(にかい)

どこ に ありますか。

연습하기

1 보기와 같이 문장을 완성하시오.

보기

- テーブル　A : テーブルがありますか。 ➜ B : はい、あります。
- 犬(いぬ)　A : 犬(いぬ)がいますか。 ➜ B : いいえ、いません。

❶ 冷蔵庫(れいぞうこ)　A : ______________。 ➜ B : ______________。

❷ つくえ　A : ______________。 ➜ B : ______________。

❸ ゴミ箱(ばこ)　A : ______________。 ➜ B : ______________。

❹ 猫(ねこ)　A : ______________。 ➜ B : ______________。

❺ 女(おんな)の子(こ)　A : ______________。 ➜ B : ______________。

❻ めがね　A : ______________。 ➜ B : ______________。

2 그림을 보고 보기와 같이 ( )안에 알맞은 말을 넣으시오.

보기

いすの（ 上(うえ) ）にめがねがあります。

❶ テレビの（　　）に時計(とけい)があります。

❷ 箱(はこ)の（　　）に猫(ねこ)がいます。

❸ 冷蔵庫(れいぞうこ)の（　　）に電話(でんわ)があります。

❹ ベッドの（　　）にスリッパがあります。

❺ 女(おんな)の人(ひと)の（　　）に男(おとこ)の子(こ)がいます。

❻ 冷蔵庫(れいぞうこ)の（　　）にくつがあります。

3 그림을 보고 보기와 같이 문장을 완성하시오.

보기

薬屋(くすりや) ➜ A：薬屋(くすりや)はどこにありますか。（=どこですか。）

B：パン屋(や)のとなりにあります。（=パン屋(や)のとなりです。）

❶ コンビニ → A: ______________________________。

B: ______________________________。

❷ パン屋(や) → A: ______________________________。

B: ______________________________。

❸ 本屋(ほんや) → A: ______________________________。

B: ______________________________。

❹ 喫茶店(きっさてん) → A: ______________________________。

B: ______________________________。

❺ 銀行(ぎんこう) → A: ______________________________。

B: ______________________________。

❻ 100円(ひゃくえん)ショップ → A: ______________________________。

B: ______________________________。

4 보기와 같이 질문에 답하시오.

보기

A : キムさん、あなたの部屋(へや)に何(なに)がありますか。

B : つくえやいすやベッドなどがあります。

❶ A : あなたの家(いえ)の近(ちか)くに何(なに)がありますか。

B : ______________________________。

❷ A : つくえの上(うえ)に何(なに)がありますか。

B : ______________________________。

郵便局(ゆうびんきょく)、公園(こうえん)、銀行(ぎんこう)、病院(びょういん)、スーパー、本屋(ほんや)…

本(ほん)、コンピューター、写真(しゃしん)、ボールペン、ノート、辞書(じしょ)…

③ A：かばんの中(なか)に何(なに)がありますか。

B：＿＿＿＿＿＿＿＿＿＿＿＿＿＿＿＿＿＿＿＿。

④ A：ベッドの下(した)に何(なに)がありますか。

B：＿＿＿＿＿＿＿＿＿＿＿＿＿＿＿＿＿＿＿＿。

⑤ A：あなたの心(こころ)の中(なか)に誰(だれ)がいますか。

B：＿＿＿＿＿＿＿＿＿＿＿＿＿＿＿＿＿＿＿＿。

財布(さいふ)、筆箱(ふでばこ)、けいたい電話(でんわ)、教科書(きょうかしょ)、傘(かさ)、たばこ、かぎ…

ごみ、スリッパ、くつした、マンガ、スーツケース…

家族(かぞく)、彼女(かのじょ)、彼氏(かれし)、友(とも)だち…

5 다음을 일본어로 작문하시오.

❶ 교실에는 아무도 없습니다. (教室(きょうしつ))

➜ ＿＿＿＿＿＿＿＿＿＿＿＿＿＿＿＿＿＿＿＿＿＿＿＿＿＿＿＿＿＿。

❷ 가방 안에는 아무것도 없습니다.

➜ ＿＿＿＿＿＿＿＿＿＿＿＿＿＿＿＿＿＿＿＿＿＿＿＿＿＿＿＿＿＿。

Chapter

09 7時(しちじ)に起(お)きます。

I-10

7 시에 일어납니다.

私(わたし)の一日(いちにち)

私(わたし)は7時(しちじ)に起(お)きます。

顔(かお)を洗(あら)います。

朝(あさ)ごはんは食(た)べません。

でも、コーヒーを一杯(いっぱい)飲(の)みます。私(わたし)はコーヒーが大好(だいす)きです。

8時半(はちじはん)に家(いえ)を出(で)ます。

バスで学校(がっこう)へ行(い)きます。

家(いえ)から学校(がっこう)まで３０分(さんじゅっぷん)ぐらいかかります。

一日(いちにち) 하루	起(お)きます 일어납니다	顔(かお) 얼굴	洗(あら)います 씻습니다
朝(あさ)ごはん 아침밥	食(た)べません 먹지 않습니다	でも 하지만	コーヒー 커피
一杯(いっぱい) 한 잔	飲(の)みます 마십니다	大好(だいす)きだ 매우 좋아하다	半(はん) 반(30 분)
出(で)ます 나갑니다	～から ～부터	～まで ～까지	～ぐらい ～정도
かかります 걸립니다			

学校(がっこう)で日本語(にほんご)を勉強(べんきょう)します。

日本語(にほんご)の勉強(べんきょう)は難(むずか)しいですが、

おもしろいです。

授業(じゅぎょう)は4時(よじ)に終(お)わります。

友(とも)だちの車(くるま)で家(いえ)へ帰(かえ)ります。

6時(ろくじ)ごろ家族(かぞく)といっしょに

晩(ばん)ごはんを食(た)べます。

10時(じゅうじ)まで宿題(しゅくだい)をします。

それから、ドラマを見(み)ます。

11時(じゅういちじ)に寝(ね)ます。

～で (장소)에서, (교통)으로	勉強(べんきょう)します 공부합니다	授業(じゅぎょう) 수업
～に (시간)에	終(お)わります 끝납니다	～へ (방향)에
帰(かえ)ります 돌아갑니다, 돌아옵니다	～ごろ ～쯤, ～경	いっしょに 같이
晩(ばん)ごはん 저녁밥	宿題(しゅくだい) 숙제	します 합니다
それから 그리고 나서	ドラマ 드라마	見(み)ます 봅니다
寝(ね)ます 잡니다		

문형 살피기

1 동사 動詞

동사	ます형 만드는 법	
1그룹동사	買う	買います
	行く	行きます
	泳ぐ	泳ぎます
	話す	話します
	持つ	持ちます
	死ぬ	死にます
	遊ぶ	遊びます
	飲む	飲みます
	乗る	乗ります
2그룹동사	起きる	起きます
	見る	見ます
	食べる	食べます
	寝る	寝ます
3그룹동사	来る	来ます
	する	します
	勉強する	勉強します

- **예외 1그룹동사 :** 帰る、入る、走る、切る、知る…

行きます — 行きません — 行きました — 行きませんでした

食べます — 食べません — 食べました — 食べませんでした

します — しません — しました — しませんでした

来ます — 来ません — 来ました — 来ませんでした

2 ～を …ます。 ～을[를] …합니다, 할 겁니다.

昼(ひる)ごはん	を	食(た)べ	ます。
テレビ		見(み)	
コーヒー		飲(の)み	
仕事(しごと)		し	
何(なに)		…	ますか。

3 ～で ―を …ました。 ～에서 ―을[를] …했습니다.

食堂(しょくどう)	で	昼(ひる)ごはん	を	食(た)べ	ました。
家(いえ)		テレビ		見(み)	
喫茶店(きっさてん)		コーヒー		飲(の)み	
会社(かいしゃ)		仕事(しごと)		し	
どこ	で			…	ましたか。

3 ～に ―へ …ます。 ～에 ―에 …합니다, 할겁니다.

学校(がっこう)	へ	行(い)き	ます。
会社(かいしゃ)		来(き)	
家(いえ)		帰(かえ)り	
どこ	へ	…	ますか。

9時(じ)	に	学校(がっこう)	へ	行(い)き	ます。
		会社(かいしゃ)		来(き)	
		家(いえ)		帰(かえ)り	
何時(なんじ)	に			…	ますか。

연습하기

1 표를 완성하시오.

기본형	그룹	～ます (～ました)	～ません (～ませんでした)
보기 行く(い)	1	行(い)きます	行(い)きません
❶ 歌(うた)う			
❷ 乗(の)る			
❸ 撮(と)る			
❹ 休(やす)む			
❺ 出(で)かける			
❻ 入(はい)る			
❼ 散歩(さんぽ)する			
❽ 待(ま)つ			
❾ 着(き)る			
❿ 呼(よ)ぶ			
⓫ 吸(す)う			
⓬ 作(つく)る			
⓭ 脱(ぬ)ぐ			
⓮ 教(おし)える			
⓯ 来(く)る			
⓰ 消(け)す			
⓱ 死(し)ぬ			
⓲ 読(よ)む			
⓳ 運転(うんてん)する			
⓴ できる			

2 보기와 같이 문장을 완성하시오.

보기

❶ A : 朝ごはんを食べますか。

B : はい、 食べます 。 / いいえ、 食べません 。

❷ A : 今朝朝ごはんを食べましたか。

B : はい、 食べました 。 / いいえ、 食べませんでした 。

❶ A : お酒を飲みますか。

B : はい、 ________________________ 。

❷ A : たばこを吸いますか。

B : いいえ、 ________________________ 。

❸ A : 早く家へ帰りますか。

B : いいえ、 ________________________ 。

❹ A : 先週、メールを送りましたか。

B : いいえ、 ________________________ 。

❺ A : 今朝、散歩しましたか。

B : はい、 ________________________ 。

❻ A : ゆうべ、テレビを見ましたか。

B : はい、 ________________________ 。

3 보기와 같이 문장을 완성하시오.

보기

A : 明日(あした)、どこで友(とも)だちに会(あ)いますか。

B : <u>喫茶店(きっさてん)で友(とも)だちに会(あ)います</u>。

❶ A : 何(なに)で学校(がっこう)へ来(き)ますか。

B : ________________________________。

❷ A : 朝(あさ)、何時(なんじ)に起(お)きますか。

B : ________________________________。

❸ A : いつもどこで勉強(べんきょう)しますか。

B : ________________________________。

❹ A : 今朝(けさ)、何(なに)を食(た)べましたか。

B : ________________________________。

❺ A : 昨日(きのう)、何時(なんじ)に家(いえ)へ帰(かえ)りましたか。

B : ________________________________。

❻ A : 明日(あした)、何(なに)をしますか。

B : ________________________________。

❼ A : 週末(しゅうまつ)、何(なに)をしましたか。

B : ________________________________。

4 보기와 같이 문장을 완성하시오.

보기

나는 7시에 일어납니다.

➜ 私は7時（に）起きます。

❶ 학교에서 일본어를 공부합니다.

➜ 学校（　　）日本語（　　）勉強します。

❷ 친구를 만납니다.

➜ 友だち（　　）会います。

❸ 집에서 학교까지 30 분 정도 걸립니다.

➜ 家（　　）学校（　　）３０分ぐらいかかります。

❹ 버스로 집에 돌아갑니다.

➜ バス（　　）家（　　）帰ります。

❺ 수업은 4 시에 끝납니다.

➜ 授業は4時（　　）終ります。

동사 I

会(あ)う 만나다	遊(あそ)ぶ 놀다	浴(あ)びる (햇빛 등을) 받다, 뒤집어쓰다	洗(あら)う 씻다
歩(ある)く 걷다	案内(あんない)する 안내하다	言(い)う 말하다	行(い)く 가다
急(いそ)ぐ 서두르다	いる 있다	入(い)れる 넣다	歌(うた)う 노래하다
生(う)まれる 태어나다	売(う)る 팔다	起(お)きる 일어나다	置(お)く 놓다
送(おく)る 보내다	教(おし)える 가르치다	押(お)す 누르다	覚(おぼ)える 기억하다, 익히다
思(おも)う 생각하다	泳(およ)ぐ 헤엄치다	終(お)わる 끝나다, 끝내다	買(か)う 사다
帰(かえ)る 돌아오다, 돌아가다	書(か)く 쓰다	かける 걸다	考(かんが)える 생각하다
聞(き)く 듣다	着(き)る 입다	切(き)る 자르다	来(く)る 오다
結婚(けっこん)する 결혼하다	誘(さそ)う 권유하다	散歩(さんぽ)する 산책하다	仕事(しごと)する 일하다
死(し)ぬ 죽다	食事(しょくじ)する 식사하다	知(し)る 알다	吸(す)う 피우다

たなばた
七夕

7월 7일, 칠석을 다나바타 (七夕) 라고 하며, 소원을 적은 단자쿠 (短冊:가늘고 기다란 모양의 종이) 를 대나무에 묶어두고 칠석날 저녁 하루만 만날 수 있도록 허락된 견우와 직녀에게 소원을 들어 달라고 기원하는 것이 칠석의 일반적인 행사이다.

단자쿠, 후키나가시 (吹き流し:바람에 나부끼게 만든 긴 헝겊) 등을 대나무에 매단 사사카자리 (笹飾り) 를 장식한다. 동일본 각 지역에서는 칠석에 사사카자리 외에 남녀 인형과 양초 등을 태운 배를 냇물에 띄워 보내고 물로 씻는 풍습이 있었다. 이를 네부타나가시 (ねぶた流し) 또는 네무리나가시 (眠り流し) 라고 한다.

Chapter

10 韓国料理(かんこくりょうり)を食(た)べに行(い)きたいです。

1-11

한국요리를 먹으러 가고 싶습니다.

学生食堂(がくせいしょくどう)の2階(にかい)で

キム　高橋(たかはし)さんの誕生日(たんじょうび)はいつですか。

高橋(たかはし)　7月7日(しちがつなのか)です。去年(きょねん)はとてもさびしかったです。

キム　そうですか。今年(ことし)の誕生日(たんじょうび)には何(なに)がしたいですか。

高橋(たかはし)　そうですね。韓国料理(かんこくりょうり)を食(た)べに行(い)きたいです。

キム　韓国料理(かんこくりょうり)の中(なか)で何(なに)が食(た)べたいですか。

高橋(たかはし)　焼(や)き肉(にく)が食(た)べたいです。

キム　じゃ、高橋(たかはし)さんの誕生日(たんじょうび)に焼(や)き肉(にく)を食(た)べに行(い)きませんか。

高橋(たかはし)　ええ、本当(ほんとう)ですか。うれしい～。

誕生日(たんじょうび) 생일　7月7日(しちがつなのか) 7월 7일　去年(きょねん) 작년　さびしい 외롭다

今年(ことし) 금년　韓国料理(かんこくりょうり) 한국요리　焼(や)き肉(にく) 불고기

~ませんか 하지 않겠습니까?　本当(ほんとう) 정말　うれしい 기쁘다

문형 살피기

1 私(わたし)は ～たいです。 나는 ~하고 싶습니다.
～たくありません。 ~하고 싶지 않습니다.

私(わたし)	は	留学(りゅうがく)し / 映画(えいが)が見(み)	たいです。
		紅茶(こうちゃ)が飲(の)み / 何(なに)も食(た)べ	たくありません。
あなた	は	何(なに)が	したいですか。

2 ～に行(い)きます。/ 来(き)ます。 ~하러 갑니다. / 옵니다.

写真(しゃしん)を撮(と)り / 友(とも)だちに会(あ)い / ご飯(はん)を食(た)べ	に行(い)きます。
買(か)い物(もの) / 食事(しょくじ) / 散歩(さんぽ)	に行(い)きます。
何(なに)をし	に行(い)きますか。

3 ～ませんか。→ ～ましょう。 ~않을래요? → ~합시다.

いっしょに	ドライブ / サッカーをし / 歌(うた)を歌(うた)い	に行(い)きませんか。	➜	ええ、	行(い)き / し / 歌(うた)い	ましょう。

4 날짜읽기 (월 · 일)

月(がつ)	
1月	いちがつ
2月	にがつ
3月	さんがつ
4月	しがつ
5月	ごがつ
6月	ろくがつ
7月	しちがつ
8月	はちがつ
9月	くがつ
10月	じゅうがつ
11月	じゅういちがつ
12月	じゅうにがつ
何月	なんがつ

日曜日(にちようび) 일요일	月曜日(げつようび) 월요일	火曜日(かようび) 화요일	水曜日(すいようび) 수요일	木曜日(もくようび) 목요일	金曜日(きんようび) 금요일	土曜日(どようび) 토요일
	1日 ついたち	2日 ふつか	3日 みっか	4日 よっか	5日 いつか	6日 むいか
7日 なのか	8日 ようか	9日 ここのか	10日 とおか	11日 じゅう いちにち	12日 じゅう ににち	13日 じゅう さんにち
14日 じゅう よっか	15日 じゅう ごにち	16日 じゅう ろくにち	17日 じゅう しちにち	18日 じゅう はちにち	19日 じゅう くにち	20日 はつか
21日 にじゅう いちにち	22日 にじゅう ににち	23日 にじゅう さんにち	24日 にじゅう よっか	25日 にじゅう ごにち	26日 にじゅう ろくにち	27日 にじゅう しちにち
28日 にじゅう はちにち	29日 にじゅう くにち	30日 さんじゅう にち	31日 さんじゅう いちにち			

연습하기

1 보기와 같이 문장을 완성하시오.

보기

すきやき / 食(た)べる → <u>すきやきが食(た)べたいです</u>。

❶ まんが / 読(よ)む → ______________________。

❷ 映画(えいが) / 見(み)る → ______________________。

❸ クラシック音楽(おんがく) / 聞(き)く → ______________________。

❹ お風呂(ふろ) / 入(はい)る → ______________________。

❺ 一日中(いちにちじゅう) / 寝(ね)る → ______________________。

2 보기와 같이 문장을 완성하시오.

보기

お昼(ひる)を食(た)べる

Q：何(なに)をしに行(い)きますか。

A：<u>お昼(ひる)を食(た)べに行(い)きます</u>。

❶ 本(ほん)を借(か)りる → ______________________。

❷ コンサートを見(み)る → ______________________。

❸ お土産(みやげ)を買(か)う → ______________________。

❹ アルバイトする → ______________________。

❺ 仕事(しごと)する → ______________________。

3 보기와 같이 문장을 완성하시오.

보기

明日(あした)、映画(えいが)を見(み)る

A：<u>明日(あした)、映画(えいが)を見(み)ませんか</u>。

B：<u>ええ、見(み)ましょう</u>。

❶ 何(なに)か食(た)べる → A：＿＿＿＿＿＿＿＿＿＿＿＿。

B：＿＿＿＿＿＿＿＿＿＿＿＿。

❷ ここで待(ま)つ → A：＿＿＿＿＿＿＿＿＿＿＿＿。

B：＿＿＿＿＿＿＿＿＿＿＿＿。

❸ 散歩(さんぽ)する → A：＿＿＿＿＿＿＿＿＿＿＿＿。

B：＿＿＿＿＿＿＿＿＿＿＿＿。

❹ そろそろ帰(かえ)る → A：＿＿＿＿＿＿＿＿＿＿＿＿。

B：＿＿＿＿＿＿＿＿＿＿＿＿。

❺ いっしょに写真(しゃしん)を撮(と)る → A：＿＿＿＿＿＿＿＿＿＿＿＿。

B：＿＿＿＿＿＿＿＿＿＿＿＿。

4 다음은 キムさん의 스케줄표입니다. 스케줄표를 잘 보고 보기와 같이 답하세요.

日曜日	月曜日	火曜日	水曜日	木曜日	金曜日	土曜日
	1日 日本語の授業	2日	3日 英語の授業	4日	5日	6日 買い物
7日 高橋さんの誕生日	8日 歌舞伎を見に行く	9日	10日	11日	12日	13日
14日 サッカーの試合	15日	16日	17日 日本語のテスト	18日	19日 合コン	20日 私の誕生日
21日	22日 海水浴	23日	24日 ←→	25日 京都旅行	26日 ←→	27日
28日	29日	30日	31日			

보기

A：日本語の授業はいつですか。

B：日本語の授業は しちがつついたち です。

❶ 高橋さんの誕生日はいつですか。

→ 高橋さんの誕生日は ______________________ です。

❷ サッカーの試合はいつですか。

→ サッカーの試合は ______________________ です。

❸ 日本語のテストはいつですか。

→ 日本語のテストは ______________________ です。

❹ 合コンはいつですか。

→ 合コンは ______________________ です。

❺ 京都旅行はいつですか。

→ 京都旅行は ______________________ です。

5 다음을 일본어로 작문하시오.

❶ 같이 바다에 가지 않겠습니까?

➜ ______________________________。

❷ 친구가 보고 싶습니다.

➜ ______________________________。

Chapter

11 図書館(としょかん)へ行(い)って本(ほん)を借(か)りてレポートを書(か)きます。

 1-12

도서관에 가서 책을 빌려 리포트를 쓸 겁니다.

タクシーの中(なか)で

キム　　新宿(しんじゅく)までお願(ねが)いします。

運転手(うんてんしゅ)　　はい、わかりました。

· ·

キム　　すみません。あそこにコンビニが見(み)えますね。

運転手(うんてんしゅ)　　はい。

キム　　…あそこまでまっすぐ行(い)って、
そこを右(みぎ)へ曲(まが)がってください。

運転手(うんてんしゅ)　　まっすぐ行(い)って右(みぎ)ですね。

キム　　ええ。

新宿(しんじゅく) 신주쿠	わかりました 알겠습니다	コンビニ 편의점	見(み)える 보이다
まっすぐ 똑바로	右(みぎ) 오른쪽	曲(ま)がる 돌다	

運転手(うんてんしゅ)　はい、2000円(にせんえん)です。

キム　これでお願(ねが)いします。

運転手(うんてんしゅ)　はい、3000円(さんぜんえん)のおつりです。ありがとうございました。

おつり 거스름돈　　ありがとうございました 감사합니다

문형 살피기

1 동사의 て형

동사	て형 만드는 법		
1그룹동사	買(か)う 待(ま)つ 乗(の)る *行(い)く	買(か)って 待(ま)って 乗(の)って 行(い)って	「う, つ, る」로 끝나는 동사 →「って」
	書(か)く 泳(およ)ぐ	書(か)いて 泳(およ)いで	「く」/「ぐ」로 끝나는 동사 →「いて」/「いで」
	死(し)ぬ 遊(あそ)ぶ 読(よ)む	死(し)んで 遊(あそ)んで 読(よ)んで	「ぬ, ぶ, む」로 끝나는 동사 →「んで」
	話(はな)す	話(はな)して	「す」로 끝나는 동사 →「して」
2그룹동사	起(お)きる 見(み)る 食(た)べる 寝(ね)る	起(お)きて 見(み)て 食(た)べて 寝(ね)て	「る」→「て」 (×)
3그룹동사	来(く)る する 勉強(べんきょう)する	来(き)て して 勉強(べんきょう)して	

2 ～て —て …ます。 ~하고 —하고 …합니다.

食(た)べて	飲(の)んで	寝(ね)ます。
読(よ)んで	聞(き)いて	書(か)きます。
行(い)って	見(み)て	買(か)います。

3 すみませんが、～て ください。 미안합니다만, ~해 주세요.

すみませんが、	運転(うんてん)して	ください。
	電話番号(でんわばんごう)を教(おし)えて	
	ちょっと待(ま)って	
	お名前(なまえ)を書(か)いて	

연습하기

1 표를 완성하시오.

기본형	그룹	て형
보기 乗(の)る	1	乗(の)って
❶ できる		
❷ 来(く)る		
❸ 死(し)ぬ		
❹ 教(おし)える		
❺ 聞(き)く		
❻ 着(き)る		
❼ 脱(ぬ)ぐ		
❽ 散歩(さんぽ)する		
❾ 持(も)つ		
❿ 出(で)かける		
⓫ 休(やす)む		
⓬ 吸(す)う		
⓭ 呼(よ)ぶ		
⓮ 消(け)す		
⓯ 歌(うた)う		
⓰ 行(い)く		
⓱ 入(はい)る		

2 보기와 같이 문장을 완성하시오.

보기
朝、起きる / 顔を洗う / ご飯を食べる
➜ 朝起きて、顔を洗って、ご飯を食べます。

① 家を出る / バスに乗る / 学校へ行く

➜ ________________________________。

② 授業を受ける / 友だちに会う / 昼ご飯を食べる

➜ ________________________________。

③ 本屋へ行く / 本を買う / アルバイトに行く

➜ ________________________________。

④ 家へ帰る / シャワーを浴びる / ビールを飲む

➜ ________________________________。

⑤ 宿題をする / 日記を書く / 寝る

➜ ________________________________。

3 보기와 같이 문장을 완성하시오.

보기
電話番号を教える ➜ 電話番号を教えてください。

① お名前を書く ➜ ________________________________。

② 座る ➜ ________________________________。

③ ゆっくり話す ➜ ________________________________。

④ パスポートを見せる ➜ ________________________________。

4 보기와 같이 문장을 완성하시오.

보기

暑(あつ)いです / 窓(まど)を開(あ)ける

➜ 暑(あつ)いですから、窓(まど)を開(あ)けてください。

❶ 時間(じかん)がないです / 急(いそ)ぐ

➜ ______________________________。

❷ 試験(しけん)です / 勉強(べんきょう)する

➜ ______________________________。

❸ パーティーがあります / ぜひ来(く)る

➜ ______________________________。

❹ 道(みち)がわかりません / 教(おし)える

➜ ______________________________。

❺ 忙(いそが)しいです / 手伝(てつだ)う

➜ ______________________________。

5 다음을 일본어로 작문하시오.

❶ 교토에서 사진을 찍고, 선물을 샀습니다. (お土産(みやげ))

➜ ______________________________。

❷ 여기에 이름과 주소, 전화번호를 써 주세요. (住所(じゅうしょ))

➜ ______________________________。

Chapter

12 友だちが遊びに来てもいいですか。

1-13

친구가 놀러 와도 됩니까?

寮のロビーで

ワン　寮の生活はどうですか。

キム　いろいろな決まりがあって、とてもきびしいです。

寮 기숙사　ロビー 로비　生活 생활

いろいろだ 여러 가지다　決まり 규칙　きびしい 엄격하다

ワン　どんな決(き)まりがありますか。

キム　門限(もんげん)がありますから、夜遅(よるおそ)く帰(かえ)ってはいけません。

ワン　門限(もんげん)は何時(なんじ)ですか。

キム　夜(よる)の１１時(じゅういちじ)です。

ワン　友(とも)だちが遊(あそ)びに来(き)てもいいですか。

キム　もちろん、来(き)てもいいですが、泊(とま)ってはいけませんね。

ワン　なかなかきびしいですね。

キム　でも、友(とも)だちがたくさんできて、楽(たの)しいですよ。

門限(もんげん) 통금시간　夜(よる) 밤　遅(おそ)く 늦게　～てはいけません ～해서는 안 됩니다

～てもいいです ～해도 좋습니다　もちろん 물론　泊(と)まる 머물다, 숙박하다

なかなか 좀처럼　たくさん 많이　できる 생기다

문형 살피기

1 ～て います。 ～하고 있습니다.

子(こ)どもは 今(いま)

- 遊(あそ)んで
- 絵(え)を描(えが)いて
- ゲームをして

います。

- 何(なに)をして

いますか。

姉(あね)は

- 結婚(けっこん)して
- ソウルに住(す)んで
- ワンさんを知(し)って

います。

2 ～ても いいです。 ～해도 됩니다.

休(やす)み時間(じかん)に

- 友(とも)だちと話(はな)しても
- コーヒーを飲(の)んでも
- たばこを吸(す)っても

いいです。

3 ～ては いけません。 ～해서는 안 됩니다.

授業中(じゅぎょうちゅう)に

- 写真(しゃしん)を撮(と)っては
- 寝(ね)ては
- 電話(でんわ)を使(つか)っては

いけません。

연습하기

1 보기와 같이 문장을 완성하시오.

보기

A : 今、何をしていますか。(勉強する)

B : 勉強しています。

❶ A : 今、何をしていますか。 (話をする)

B : ______________________________。

❷ A : 今、何をしていますか。 (雑誌を読む)

B : ______________________________。

❸ A : 今、何をしていますか。 (手紙を書く)

B : ______________________________。

❹ A : 今、何をしていますか。 (鏡を見る)

B : ______________________________。

❺ A : 今、何をしていますか。 (コーラを飲む)

B : ______________________________。

2 보기와 같이 문장을 완성하시오.

보기

たばこを吸(す)う

A：たばこを吸(す)ってもいいですか。

B：はい、吸(す)ってもいいです。

　　いいえ、吸(す)ってはいけません。

❶ ここに座(すわ)る

A：________________________。

B：はい、________________________。

いいえ、________________________。

❷ 先(さき)に帰(かえ)る

A：________________________。

B：はい、________________________。

いいえ、________________________。

❸ 芝生(しばふ)に入(はい)る

A：________________________。

B：はい、________________________。

いいえ、________________________。

❹ 日本語(にほんご)で話(はな)す

A：________________________。

B：はい、________________________。

いいえ、________________________。

❺ ドアを開(あ)ける

A：________________________。

B：はい、________________________。

いいえ、________________________。

3 보기와 같이 문장을 완성하시오.

> **보기**
>
> 博物館(はくぶつかん)で写真(しゃしん)を撮(と)る
>
> A：すみませんが、博物館(はくぶつかん)で写真(しゃしん)を撮(と)ってもいいですか。
>
> B：はい、どうぞ（撮(と)ってもいいです）。
>
> いいえ、ちょっと……（撮(と)ってはいけません）。

❶ 池(いけ)でつりをする

A：すみませんが、＿＿＿＿＿＿＿＿＿＿＿＿＿＿＿＿。

B：はい、＿＿＿＿＿＿＿＿＿＿＿＿＿＿＿＿＿＿＿＿。

いいえ、＿＿＿＿＿＿＿＿＿＿＿＿＿＿＿＿＿＿＿。

❷ ちゃわんを持(も)って食(た)べる

A：すみませんが、＿＿＿＿＿＿＿＿＿＿＿＿＿＿＿＿。

B：はい、＿＿＿＿＿＿＿＿＿＿＿＿＿＿＿＿＿＿＿＿。

いいえ、＿＿＿＿＿＿＿＿＿＿＿＿＿＿＿＿＿＿＿。

❸ たばこを吸(す)う

A：すみませんが、＿＿＿＿＿＿＿＿＿＿＿＿＿＿＿＿。

B：はい、＿＿＿＿＿＿＿＿＿＿＿＿＿＿＿＿＿＿＿＿。

いいえ、＿＿＿＿＿＿＿＿＿＿＿＿＿＿＿＿＿＿＿。

4 다음을 일본어로 작문하시오.

❶ 밤늦게 전화해도 됩니까?

➜ ＿＿＿＿＿＿＿＿＿＿＿＿＿＿＿＿＿＿＿＿＿＿＿＿＿＿。

❷ 술 마시고 운전해서는 안 됩니다.

➜ ＿＿＿＿＿＿＿＿＿＿＿＿＿＿＿＿＿＿＿＿＿＿＿＿＿＿。

❷ 얼굴은 알지만, 이름은 모릅니다.

➜ ＿＿＿＿＿＿＿＿＿＿＿＿＿＿＿＿＿＿＿＿＿＿＿＿＿＿。

동사2

住(す)む 살다	座(すわ)る 앉다	洗濯(せんたく)する 빨래하다	掃除(そうじ)する 청소하다
立(た)つ 일어서다	食(た)べる 먹다	使(つか)う 사용하다	作(つく)る 만들다
出(で)かける 외출하다, 나가다	手伝(てつだ)う 돕다	出(で)る 나가다	できる 할 수 있다, 되다
止(と)める 멈추다	撮(と)る 찍다	取(と)る 잡다	習(なら)う 익히다
脱(ぬ)ぐ 벗다	寝(ね)る 자다	飲(の)む 마시다	乗(の)る 타다
入(はい)る 들어가다	運(はこ)ぶ 옮기다	始(はじ)まる / 始(はじ)める 시작되다 / 시작하다	走(はし)る 달리다
働(はたら)く 일하다	話(はな)す 말하다	払(はら)う 지불하다	降(ふ)る (눈 · 비 등이) 내리다
勉強(べんきょう)する 공부하다	待(ま)つ 기다리다	見(み)る 보다	持(も)つ 들다
休(やす)む 쉬다	呼(よ)ぶ 부르다	読(よ)む 읽다	旅行(りょこう)する 여행하다
料理(りょうり)する 요리하다	練習(れんしゅう)する 연습하다	わかる 알다	忘(わす)れる 잊다

Chapter

13 食(た)べ物(もの)はもう作(つく)ってあります。

1-14

음식은 이미 만들어 두었습니다.

公園(こうえん)で

- 自転車(じてんしゃ)が倒(たお)れています。
- 星(ほし)が出(で)ています。
- 花(はな)が咲(さ)いています。
- びんが割(わ)れています。
- 人(ひと)が集(あつ)まっています。
- 月(つき)が出(で)ています。
- 電気(でんき)がついています。

自転車(じてんしゃ) 자전거	倒(たお)れる 쓰러지다	集(あつ)まる 모이다	星(ほし) 별
出(で)る 나오다, 나가다	月(つき) 달	花(はな) 꽃	咲(さ)く 피다
電気(でんき) 전기	つく 켜지다	びん 병	割(わ)れる 깨지다

教室(きょうしつ)で

木村先生(きむらせんせい)　キムさん、打(う)ち上(あ)げの準備(じゅんび)はもうできましたか。

キム　はい、できました。

木村先生(きむらせんせい)　みんなに連絡(れんらく)はしましたか。

キム　はい、もうしてあります。

木村先生(きむらせんせい)　飲(の)み物(もの)と食(た)べ物(もの)は？

キム　飲(の)み物(もの)は冷蔵庫(れいぞうこ)に入(い)れてあります。

食(た)べ物(もの)はもう作(つく)ってあります。

木村先生(きむらせんせい)　掃除(そうじ)は？

キム　きれいにしてあります。

木村先生(きむらせんせい)　お疲(つか)れさまでした。

打(う)ち上(あ)げ 마무리를 축하하는 파티	準備(じゅんび) 준비	もう 이미, 벌써
できる 완성되다	連絡(れんらく) 연락	飲(の)み物(もの) 음료
食(た)べ物(もの) 음식	冷蔵庫(れいぞうこ) 냉장고	入(い)れる 넣다
作る 만들다	掃除(そうじ) 청소	お疲(つか)れさまでした 수고하셨습니다

문형 살피기

1 자동사自動詞(じどうし)와 타동사他動詞(たどうし)

자동사		타동사	
開(あ)く	열리다	開(あ)ける	열다
つく	켜지다	つける	켜다
入(はい)る	들어가다	入(い)れる	넣다
閉(し)まる	닫히다	閉(し)める	닫다
始(はじ)まる	시작되다	始(はじ)める	시작하다
起(お)きる	일어나다	起(お)こす	깨우다
割(わ)れる	깨지다	割(わ)る	깨다
消(き)える	사라지다	消(け)す	끄다
出(で)る	나가다	出(だ)す	꺼내다
倒(たお)れる	쓰러지다	倒(たお)す	쓰러뜨리다
集(あつ)まる	모이다	集(あつ)める	모으다

2 ~が …て います。　자동사의 상태 : ~이[가] …해 있습니다.

窓(まど) 電気(でんき) お金(かね)	が	開(あ)いて 消(き)えて 入(はい)って	います。

3 ~が …て あります。　타동사의 상태 : ~이[가] …해져 있습니다.

窓(まど) 電気(でんき) お金(かね)	が	開(あ)けて 消(け)して 入(い)れて	あります。

연습하기

1 보기와 같이 문장을 완성하시오.

보기	ドア	(が)閉(し)まる	(を)閉(し)める
❶	本(ほん)	(　　)入(はい)る	(　　)入(い)れる
❷	木(き)	(　　)倒(たお)れる	(　　)倒(たお)す
❸	食事(しょくじ)	(　　)出(だ)す	(　　)出(で)る
❹	人(ひと)	(　　)集(あつ)まる	(　　)集(あつ)める
❺	窓(まど)	(　　)開(あ)ける	(　　)開(あ)く
❻	子(こ)ども	(　　)起(お)こす	(　　)起(お)きる
❼	コップ	(　　)割(わ)れる	(　　)割(わ)る
❽	火(ひ)	(　　)消(け)す	(　　)消(き)える
❾	電気(でんき)	(　　)つく	(　　)つける
❿	会議(かいぎ)	(　　)始(はじ)まる	(　　)始(はじ)める

2 보기와 같이 문장을 완성하시오.

보기

● ドアが開(あ)く

➜ ドアが開(あ)いています。

❶

● ガラスが割(わ)れる

➜ ______________________。

❷

● 砂糖(さとう)が入(はい)る

➜ ______________________。

❸

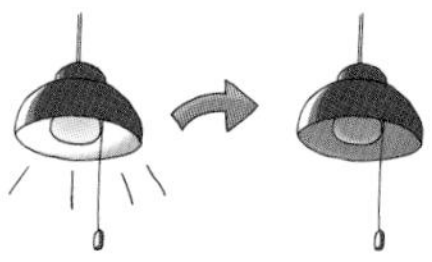

● 電気(でんき)が消(き)える

➜ ______________________。

3 보기와 같이 문장을 완성하시오.

보기

● 窓を閉める

➜ 窓が閉めてあります。

❶

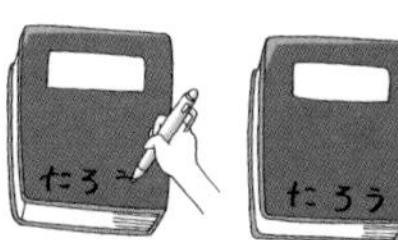

● 名前を書く

➜ ＿＿＿＿＿＿＿＿＿＿＿＿＿＿＿＿。

❷

● ポスターを貼る

➜ ＿＿＿＿＿＿＿＿＿＿＿＿＿＿＿＿。

❸

● 花を飾る

➜ ＿＿＿＿＿＿＿＿＿＿＿＿＿＿＿＿。

4 다음을 일본어로 작문하시오.

❶ 마당에는 예쁜 꽃이 피어 있습니다.

➜ ＿＿＿＿＿＿＿＿＿＿＿＿＿＿＿＿＿＿＿＿＿＿＿＿。

❷ 책에 이름이 쓰여 있습니다.

➜ ＿＿＿＿＿＿＿＿＿＿＿＿＿＿＿＿＿＿＿＿＿＿＿＿。

자동사와 타동사

開(あ)く 열리다	開(あ)ける 열다	つく 붙다	つける 붙이다
閉(し)まる 닫히다	閉(し)める 닫다	消(き)える 사라지다	消(け)す 지우다
集(あつ)まる 모이다	集(あつ)める 모으다	起(お)きる 일어나다	起(お)こす 일으키다
始(はじ)まる 시작되다	始(はじ)める 시작하다	倒(たお)れる 쓰러지다	倒(たお)す 쓰러뜨리다
出(で)る 나오다	出(だ)す 내다	割(わ)れる 깨지다	割(わ)る 깨다
入(はい)る 들어가다	入(い)れる 넣다	切(き)る 자르다	切(き)れる 잘리다
落(お)ちる 떨어지다	落(お)とす 떨어뜨리다	取(と)る 쥐다	取(と)れる 떨어지다
かける 걸다	かかる 걸리다	立(た)てる 세우다	立(た)つ 서다
折(お)る 꺾다	折(お)れる 꺾이다	並(なら)ぶ 늘어서다	並(なら)べる 늘어놓다
止(と)まる 세우다	止(と)める 멈추다	汚(よご)れる 더러워지다	汚(よご)す 더럽히다

Chapter

14 ソンピョンを作(つく)ったことがありますか。

1-15

송편을 만든 적이 있습니까?

キムさんの部屋(へや)で

キム　もうすぐ秋夕(チュソク)ですね。

田中(たなか)　えっ？秋夕(チュソク)というのは何(なん)ですか。

キム　秋夕(チュソク)は日本(にほん)のお盆(ぼん)にあたります。

田中(たなか)　そうですか。秋夕(チュソク)には何(なに)をしますか。

キム　お墓参(はかまい)りに行(い)ったり、ソンピョンという餅(もち)を作(つく)ったりします。

田中(たなか)　キムさんはソンピョンを作(つく)ったことがありますか。

キム　いいえ、私(わたし)は作(つく)ったことがありません。日本(にほん)のお盆(ぼん)はどうですか。

もうすぐ 머지않아, 곧	チュソク 추석	～というのは ～라고 하는 것은
お盆(ぼん) 오봉	～にあたる ～에 해당하다	お墓参(はかまい)り 성묘
ソンピョン 송편	餅(もち) 떡	手伝(てつだ)う 돕다

田中(たなか)	日本でもお墓参り(はかまい)に行(い)ったり、浴衣(ゆかた)を着(き)て盆踊り(ぼんおど)を踊(おど)ったりしますよ。
キム	えっ、盆踊り(ぼんおど)？見(み)たことがありませんけど……。
田中(たなか)	楽(たの)しいですよ。今度(こんど)教(おし)えましょうか。
キム	本当(ほんとう)ですか。ありがとう。

浴衣(ゆかた) 여름용 기모노　　盆踊り(ぼんおど) 봉오도리　　踊(おど)る 춤추다
教(おし)える 가르치다　　本当(ほんとう)ですか 정말입니까?

문형 살피기

1 동사의 た형

동사	た형 만드는 법			
1그룹동사	買(か)う 待(ま)つ 乗(の)る *行(い)く	➡	買(か)った 待(ま)った 乗(の)った 行(い)った	「う、つ、る」로 끝나는 동사 → 「った」
	書(か)く 泳(およ)ぐ	➡	書(か)いた 泳(およ)いだ	「く」／「ぐ」로 끝나는 동사 → 「いて」／「いで」
	死(し)ぬ 遊(あそ)ぶ 読(よ)む	➡	死(し)んだ 遊(あそ)んだ 読(よ)んだ	「ぬ、ぶ、む」로 끝나는 동사 → 「んだ」
	話(はな)す	➡	話(はな)した	「す」로 끝나는 동사 → 「した」
2그룹동사	起(お)きる 見(み)る 食(た)べる 寝(ね)る	➡	起(お)きた 見(み)た 食(た)べた 寝(ね)た	「る」 → 「た」 (×)
3그룹동사	来(く)る する 勉強(べんきょう)する	➡	来(き)た した 勉強(べんきょう)した	

2 ～たことがあります。/ありません。 ～한 적이 있습니다. / 없습니다.

私は	日本酒を飲んだ 新幹線に乗った	ことがあります。
	相撲を見た 日本語でメールを送った	ことがありません。
あなたは	～た	ことがありますか。

3 ～たり ～たりします。 ～하거나 ～하거나 합니다.

日曜日、	昼寝をしたり	マンガを読んだり	します。
	ペットと遊んだり	散歩したり	
	家でごろごろしたり	あちこちぶらぶらしたり	
	チャットをしたり	ラブレターを書いたり	

연습하기

1 다음 표를 「た형」으로 완성하시오.

기본형	그룹	～た
보기 乗(の)る	1	乗(の)った
❶ できる		
❷ 来(く)る		
❸ 死(し)ぬ		
❹ 教(おし)える		
❺ 聞(き)く		
❻ 帰(かえ)る		
❼ 脱(ぬ)ぐ		
❽ 散歩(さんぽ)する		
❾ 持(も)つ		
❿ 出(で)かける		
⓫ 休(やす)む		
⓬ 吸(す)う		
⓭ 呼(よ)ぶ		
⓮ 消(け)す		
⓯ 歌(うた)う		
⓰ 行(い)く		
⓱ 切(き)る		

2 보기와 같이 문장을 완성하시오.

보기

日本(にほん)に行(い)く / 楽(たの)しい

A : 日本(にほん)に行(い)ったことがありますか。

B : はい、行(い)ったことがあります。

A : どうでしたか。

B : 楽(たの)しかったです。

❶ 漢拏山(ハンラサン)に登(のぼ)る / 大変(たいへん)だ

A: ______________________________。

B: はい、______________________________。

A: どうでしたか。

B: ______________________________。

❷ 合(ごう)コンに行(い)く / いい

A: ______________________________。

B: はい、______________________________。

A: どうでしたか。

B: ______________________________。

❸ バラの花束(はなたば)をもらう / うれしい

A: ______________________________。

B: はい、______________________________。

A: どうでしたか。

B: ______________________________。

❹ バンジージャンプをする / こわい

A: ______________________________。

B: はい、______________________________。

A: どうでしたか。

B: ______________________________。

⑤ 浴衣を着る / 涼しい

A：＿＿＿＿＿＿＿＿＿＿＿＿＿＿＿＿＿＿。

B：はい、＿＿＿＿＿＿＿＿＿＿＿＿＿＿＿＿＿＿。

A：どうでしたか。

B：＿＿＿＿＿＿＿＿＿＿＿＿＿＿＿＿＿＿。

3 보기와 같이 문장을 완성하시오.

보기

A：週末は何をしますか。（散歩する、ビデオを見る）

B：散歩したりビデオを見たりします。

① A：夏休みには何をしますか。（旅行する、外国語を勉強する）

B：＿＿＿＿＿＿＿＿＿＿＿＿＿＿＿＿＿＿。

② A：パーティーでは何をしますか。（ダンスをする、歌を歌う）

B：＿＿＿＿＿＿＿＿＿＿＿＿＿＿＿＿＿＿。

③ A：暑いときは何をしますか。（シャワーを浴びる、冷たいビールを飲む）

B：＿＿＿＿＿＿＿＿＿＿＿＿＿＿＿＿＿＿。

④ A：暇なときは何をしますか。（買い物をする、友だちと会う）

B：＿＿＿＿＿＿＿＿＿＿＿＿＿＿＿＿＿＿。

⑤ A：お正月には何をしますか。（初詣に行く、おせち料理を食べる）

B：＿＿＿＿＿＿＿＿＿＿＿＿＿＿＿＿＿＿。

4 다음을 일본어로 작문하시오.

① 일본의 라면을 먹어 본 적이 있습니까?（ラーメン）

➔ ＿＿＿＿＿＿＿＿＿＿＿＿＿＿＿＿＿＿＿＿＿＿＿＿。

② 태권도를 배운 적이 있습니다.（テコンドー）

➔ ＿＿＿＿＿＿＿＿＿＿＿＿＿＿＿＿＿＿＿＿＿＿＿＿。

오봉お盆과 봉오도리盆踊り

7월 혹은 8월 13일부터 16일까지의 나흘간을, 일본에서 조상의 혼을 맞아들이고 공양드리는 기간을 오봉이라 부른다. 정식 명칭은우라봉에（盂蘭盆会）.

일본인들은 오봉에 가족들이 함께 하카（墓）에 가서 주위의 풀을 제거하고 하카를 깨끗이 닦아낸 후 향을 피우고 그 곳에서 조상들에 대한 기도를 올린다. 긴 연휴의 기회이며, 일본인들의 생활 속에 뿌리내린 여름철 연례행사이다.

일본의 오봉 때에는 죽은 사람의 혼령을 염원하는 의미로 봉오도리（盆踊り）라는 춤을 춘다. 이 봉오도리는 무로마치 시대（室町時代）에 서민들에게 보급되었으며, 그 중에서도 도쿠시마현（徳島県）의 아와오도리（阿波踊り）가 유명하다.

Chapter

15 学生証(がくせいしょう)を忘(わす)れないでください。

1-16

학생증을 잊지 말아 주세요.

教室(きょうしつ)で

テストの前(まえ)の日(ひ)

木村先生(きむらせんせい)　明日(あした)のテストは9時(くじ)からです。必(かなら)ず時間(じかん)を守(まも)ってください。それから、学生証(がくせいしょう)を忘(わす)れないでください。

学生(がくせい)たち　はい。

マリー　先生、携帯(けいたい)は持(も)ってきてもいいですか。

木村先生(きむらせんせい)　はい。でも、電源(でんげん)は必(かなら)ず切(き)ってください。

テスト 테스트, 시험

必(かなら)ず 반드시

時間(じかん) 시간

守(まも)る 지키다

学生証(がくせいしょう) 학생증

忘(わす)れる 잊어버리다

～ないでください ～하지 마세요, ～하지 말아 주십시오

持(も)つ 가지다

電源(でんげん) 전원

切(き)る 자르다, 끊다

テストの日(ひ)

マリー　昨日(きのう)、勉強(べんきょう)しましたか。

ワン　あまりできませんでした。マリーさんは。

マリー　昨日(きのう)は寝(ね)ないで一生懸命(いっしょうけんめい)しましたよ。

ワン　へえ、すごいですね。あ、先生(せんせい)が来(き)ましたよ。

木村先生(きむらせんせい)　これからテストを始(はじ)めます。学生証(がくせいしょう)を出(だ)して机(つくえ)の上(うえ)に置(お)いてください。本(ほん)は机(つくえ)の上(うえ)に置(お)かないで、かばんに入(い)れてください。それから名前(なまえ)を書(か)くのを忘(わす)れないでください。となりの人(ひと)と話(はな)さないでください。他(ほか)に何(なに)か質問(しつもん)ありますか。

学生(がくせい)たち　……。

木村先生(きむらせんせい)　それでは、あきらめないで最後(さいご)までがんばってください。

できる 할 수 있다
他(ほか)に 그 외, 그 밖에
最後(さいご) 마지막
始(はじ)める 시작하다
質問(しつもん) 질문
がんばる 분발하다, 힘내다
となりの人(ひと) 옆 사람
あきらめる 포기하다

문형 살피기

1 동사의 ない형

동사	ない형 만드는 법	
1그룹동사	買(か)う	買(か)わない
	行(い)く	行(い)かない
	泳(およ)ぐ	泳(およ)がない
	話(はな)す	話(はな)さない
	持(も)つ	持(も)たない
	死(し)ぬ	死(し)なない
	遊(あそ)ぶ	遊(あそ)ばない
	飲(の)む	飲(の)まない
	乗(の)る	乗(の)らない
2그룹동사	起(お)きる	起(お)きない
	見(み)る	見(み)ない
	食(た)べる	食(た)べない
	寝(ね)る	寝(ね)ない
3그룹동사	来(く)る	来(こ)ない
	する	しない
	勉強(べんきょう)する	勉強(べんきょう)しない

2 ～ないでください。　～하지 마세요.

- 鉛筆(えんぴつ)で書(か)か
- 遠慮(えんりょ)し
- お風呂(ふろ)に入(はい)ら
- 約束(やくそく)を忘(わす)れ

ないで ください。

- 禁煙(きんえん)です
- 大丈夫(だいじょうぶ)です
- 駐車禁止(ちゅうしゃきんし)です
- あぶないです

から、

- たばこを吸(す)わ
- 心配(しんぱい)し
- 車(くるま)を止(と)め
- さわら

ないでください。

3 ～ないで …ます。　～지 않고 …합니다.

- 何(なに)も食(た)べ
- 歯(は)をみがか
- 砂糖(さとう)を入(い)れ
- 勉強(べんきょう)をし

ないで

- 学校(がっこう)へ行(い)き
- 寝(ね)
- コーヒーを飲(の)み
- テストを受(う)け

ます。

연습하기

1 다음 표를 「ない형」으로 완성하시오.

기본형	그룹	～ない
보기 行(い)く	1	行(い)かない
❶ 歌(うた)う		
❷ 帰(かえ)る		
❸ 撮(と)る		
❹ 休(やす)む		
❺ 出(で)かける		
❻ 入(はい)る		
❼ 持(も)つ		
❽ 着(き)る		
❾ 呼(よ)ぶ		
❿ 吸(す)う		
⓫ 教(おし)える		
⓬ 来(く)る		
⓭ 消(け)す		
⓮ 死(し)ぬ		
⓯ 読(よ)む		
⓰ 運転(うんてん)する		
⓱ できる		

2 보기와 같이 문장을 완성하시오.

보기

ごみをすてる

→ ごみをすてないでください。

❶ 荷物(にもつ)を置(お)く

→ ______________________________。

❷ 写真(しゃしん)を撮(と)る

→ ______________________________。

❸ 授業(じゅぎょう)に遅(おく)れる

→ ______________________________。

❹ ろうかで走(はし)る

→ ______________________________。

❺ 勝手(かって)に使(つか)う

→ ______________________________。

3 보기와 같이 문장을 완성하시오.

보기

寒いです / 窓を開ける

→ 寒いですから、窓を開けないでください。

❶ 風邪です / 冷たいものを食べる

→ ______________________________。

❷ お酒を飲みました / 運転する

→ ______________________________。

❸ 誰もいません / 来る

→ ______________________________。

❹ 雨です / どこへも行く

→ ______________________________。

❺ 太ります / 食べる

→ ______________________________。

4 보기와 같이 문장을 완성하시오.

보기

A : くつしたをはいて寝ますか。（はく）

B : いいえ、はかないで寝ます。

❶ A : りんごの皮(かわ)をむいて食(た)べますか。（むく）

B : いいえ、________________。

❷ A : スプーンを使(つか)ってご飯(はん)を食(た)べますか。（使(つか)う）

B : いいえ、________________。

❸ A : 電気(でんき)を消(け)して寝(ね)ますか。（消(け)す）

B : いいえ、________________。

❹ A : 声(こえ)を出(だ)して本(ほん)を読(よ)みますか。（出(だ)す）

B : いいえ、________________。

❺ A : 化粧(けしょう)して出(で)かけますか。（化粧(けしょう)する）

B : いいえ、________________。

5 다음을 일본어로 작문하시오.

❶ 포기하지 말고 최선을 다하세요.

→ ________________。

❷ 나를 잊지 마세요. (私(わたし)（のこと）を)

→ ________________。

일본의 화폐

1만엔 一万円

(앞) **후쿠자와 유키치** (福沢諭吉)

메이지 시대의 교육가

(뒤) 뵤도인 (平等院) 의 봉황상

5천엔 五千円

(앞) **히구치 이치요** (樋口一葉)

메이지 시대의 여성 소설가

(뒤) 제비붓꽃도

2천엔 二千円

(앞) **슈레이몬** (守礼門)

(뒤) 겐지모도가타리에마키 (源氏物 語絵巻) 와 무라사키 시키부(紫式部)

천엔 千円

(앞) **노구치 히데요**(野口英世)

세균학자

(뒤) 후지산 (富士山) 과 벚꽃

오백 엔(500円)

백 엔(100円)

오십 엔(５０円)

십 엔(10円)

오 엔(5円)

일 엔(１円)

Chapter

16 約束の時間を守らなければなりません。

 I-17

약속 시간을 지켜야 합니다.

渋谷駅ハチ公の前で

マリー　遅くなってすみません。

佐藤　いいですよ。

マリー　明日の手土産は何がいいでしょうか。

佐藤　何も持ってこなくてもいいですよ。

マリー　でも、……。佐藤さんのお母さんは何がお好きですか。

佐藤　そうですね。母はせんべいが好きです。

マリー　じゃ、それにします。

佐藤　あ、マリーさん！それから、約束の時間を守らなければなりませんよ。

渋谷駅 시부야역

ハチ公 시부야역에 세워진 충견 하치의 동상

遅くなってすみません 늦어서 죄송합니다

手土産 간단한 선물

せんべい 센베이

約束 약속

守る 지키다

マリー　わかりました。じゃ、気(き)をつけます。

佐藤(さとう)　あ、もう一(ひと)つ！母(はは)は英語(えいご)が苦手(にがて)なんですよ。

マリー　じゃ、日本語(にほんご)で話(はな)さなければいけませんね。

佐藤(さとう)　でも、マリーさんは前(まえ)より日本語(にほんご)が上手(じょうず)になりましたから、大丈夫(だいじょうぶ)ですよ。

하치코ハチ公(こう)

시부야의 상징과 같은 존재로, 주인인 우에노 에이타로(上野英太郎(うえのえいたろう))가 세상을 떠난 후에도 계속 주인을 기다렸다는 하치라는 이름의 충견 동상이다.

동상 앞은 만남의 장소로 이용되고 있으며, 충견 하치는 국립박물관에 박제로 보관되어 있다.

~なければなりません[なければいけません] ~하지 않으면 안 됩니다

気(き)をつける 주의하다, 조심하다

苦手(にがて)だ 질색하다, 못하다

문형 살피기

1 ～なければなりません。 ～하지 않으면 안 됩니다.
～なければいけません。

約束(やくそく)を守(まも)ら ホテルを予約(よやく)し 本(ほん)を返(かえ)さ	なければなりません。
12時(じゅうにじ)までに帰(かえ)ら 漢字(かんじ)を覚(おぼ)え	なければいけません。

2 ～なくてもいいです。 ～하지 않아도 됩니다.

靴(くつ)を脱(ぬ)が 朝早(あさはや)く起(お)き お金(かね)を払(はら)わ 連絡(れんらく)し 明日(あした)は来(こ)	なくてもいいです。

3 ～くなります。 ～해 집니다.

涼(すず)し 来週(らいしゅう)から忙(いそが)し 顔(かお)が赤(あか)	くなります。

4 ～になります。 ～이[가] 됩니다. / ～해 집니다.

二十歳(はたち) 大学生(だいがくせい)	になります。
きれい 元気(げんき) 上手(じょうず)	になります。

연습하기

1 보기와 같이 문장을 완성하시오.

보기

休(やす)む → a. 休(やす)まなければなりません。
b. 休(やす)まなければいけません。
c. 休(やす)まなくてもいいです。

❶ シートベルトを締(し)める

→ a. ______________________________。
b. ______________________________。
c. ______________________________。

❷ 友(とも)だちを迎(むか)えに行(い)く

→ a. ______________________________。
b. ______________________________。
c. ______________________________。

❸ 知(し)らせる

→ a. ______________________________。
b. ______________________________。
c. ______________________________。

❹ 働(はたら)く

→ a. ______________________________。
b. ______________________________。
c. ______________________________。

2 보기와 같이 문장을 완성하시오.

보기

❶ 友だちが来ます / 6時までに帰る

➜ 友だちが来ますから、6時までに帰らなければなりません。

❷ 明日は休みです / 朝早く起きる

➜ 明日は休みですから、朝早く起きなくてもいいです。

❶ 用事があります / 出かける

➜ ____。

❷ 熱があります / 薬を飲む

➜ ____。

❸ 近いです / タクシーに乗る

➜ ____。

❹ 悪い病気じゃありません / 心配する

➜ ____。

❺ 天気がいいです / 傘を持っていく

➜ ____。

3 보기와 같이 문장을 완성하시오.

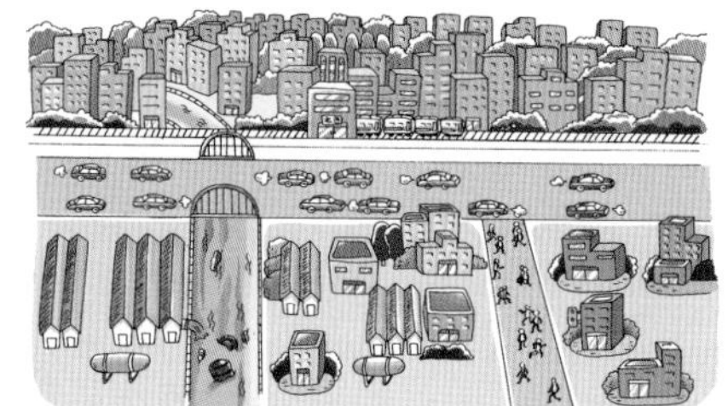

보기

車（くるま）/ 少（すく）ない・多（おお）い → 車（くるま）が多（おお）くなりました。

交通（こうつう）/ 不便（ふべん）だ・便利（べんり）だ → 交通（こうつう）が便利（べんり）になりました。

❶ 川（かわ）/ きたない・きれいだ → ＿＿＿＿＿＿＿＿。

❷ 木（き）/ 少（すく）ない・多（おお）い → ＿＿＿＿＿＿＿＿。

❸ 町（まち）/ 静（しず）かだ・にぎやかだ → ＿＿＿＿＿＿＿＿。

❹ 駅（えき）/ 小（ちい）さい・大（おお）きい → ＿＿＿＿＿＿＿＿。

❺ 店（みせ）/ 古（ふる）い・新（あたら）しい → ＿＿＿＿＿＿＿＿。

4 다음을 일본어로 작문하시오.

❶ お酒（さけ）を飲（の）みました。どうなりますか。

→ ＿＿＿＿＿＿＿＿。

❷ １０年前（じゅうねんまえ）と今（いま）のあなたはどう変（か）わりましたか。

→ ＿＿＿＿＿＿＿＿。

❸ 海外旅行（かいがいりょこう）に行（い）きます。何（なに）を準備（じゅんび）しなければなりませんか。

→ ＿＿＿＿＿＿＿＿。

❹ 明日（あした）テストです。何（なに）をしなければなりませんか。

→ ＿＿＿＿＿＿＿＿。

Copyrights ⓒ JNTO

しちごさん
七五三

11 월 15 일의 시치고산(七五三)은 3 살, 5 살, 7 살이 된 어린이의 성장을 축하하고 신사에 참배하는 연중행사로 근년에 시작된 풍습이다.

시치고산이란 어린이의 나이가 3살, 5살, 7살이 되는 나이에 맞추어 하는 행사라 하여 붙은 명칭이다. 3살이 되면 머리카락을 기르기 시작해서 가미오키(髪起き)를 하고, 5 세가 되면 남자아이는 주름진 정장 바지를 입을 수 있다 해서 하카마기(袴着), 7 세가 되면 여자아이는 기모노를 입고 오비(帯)를 두를 수 있다 해서 오비토키(帯とき)라고 한다.

시치고산을 맞이한 집안의 어른들은 명절 옷을 입고 어린이에게도 명절 옷인 하레기(晴れ着)를 입히고 자신들의 조상신을 모신 신사 또는 유명한 신사를 찾아가서 참배를 하고, 신관주재로 어린이들이 건강하게 자라도록 기원하는 액막이 행사를 한다. 또 어린이의 장수를 기원하며 1000 년을 산다는 학과 만 년을 산다는 거북이가 그려진 사탕으로 자녀의 건강과 성장을 기원하는 마음이 담긴 치토세아메(千歳飴)를 사주기도 한다.

Chapter

17 なるべく水分(すいぶん)をとった方(ほう)がいいです。

I-18

가능하면 수분을 섭취하는 편이 좋습니다.

病院(びょういん)で

医者(いしゃ)　こちらへどうぞ。どうしましたか。

キム　ゆうべから熱(ねつ)が出(で)て、頭(あたま)が痛(いた)いんです。

医者(いしゃ)　じゃ、診(み)てみましょう。

口(くち)を開(あ)けてください。少(すこ)し喉(のど)がはれていますね。

あまり無理(むり)しない方(ほう)がいいです。

キム　はあ。

医者(いしゃ)　それから、なるべく水分(すいぶん)をとった方(さう)がいいです。

キム　はい、わかりました。

なるべく 가능한 한

水分(すいぶん)をとる 수분을 섭취하다

～た方(ほう)がいいです ~하는 편이 좋습니다

どうしましたか 어디가 안 좋으세요?

ゆうべ 어젯밤

熱(ねつ)が出(で)る 열이 나다

診(み)る 진찰하다

口(くち) 입

喉(のど) 목

はれる 붓다

無理(むり)する 무리하다

～しない方(ほう)がいいです ~하지 않는 편이 좋습니다

薬屋(くすりや)で

薬剤師(やくざいし)　キムさん、お薬(くすり)が出(で)ました。どうぞ。

キム　この薬(くすり)はいつ飲(の)みますか。

薬剤師(やくざいし)　１日(いちにち)二回(にかい)飲(の)みます。

朝(あさ)はご飯(はん)を食(た)べた後(あと)で、飲(の)んでください。

夜(よる)は寝(ね)る前(まえ)に飲(の)んでください。

キム　昼(ひる)は飲(の)まないんですか。

薬剤師(やくざいし)　はい、飲(の)まなくてもいいです。

キム　はい、わかりました。

薬剤師(やくざいし)　では、お大事(だいじ)に。

薬剤師(やくざいし) 약사　　～た後(あと)で ～한 후에　　前(まえ)に ～하기 전에

～なくてもいいです ～하지 않아도 됩니다　　お大事(だいじ)に 몸 조심하세요

문형 살피기

1 ～た方(ほう)がいいです。　～하는 편이 좋습니다.

傘(かさ)を持(も)って	行(い)った	方(ほう)がいいです。
毎日日本語(まいにちにほんご)のテープを	聞(き)いた	
たばこは	やめた	

2 ～ない方(ほう)がいいです。　～하지 않는 편이 좋습니다.

誰(だれ)にも	話(はな)さ	ない方(ほう)がいいです。
うそを	つか	
	遅刻(ちこく)し	

3 ～前(まえ)に / ~た後(あと)で / ~てから　～하기 전에 / ～한 후에 / ～하고 나서

寝(ね)る	前(まえ)に	日記(にっき)を書(か)きます。
食事(しょくじ)の		手(て)を洗(あら)います。
授業(じゅぎょう)が終(お)わった	後(あと)で	アルバイトに行(い)きます。
晩(ばん)ご飯(はん)の		薬(くすり)を飲(の)みます。
電話(でんわ)をして	から	訪問(ほうもん)します。
よく聞(き)いて		質問(しつもん)に答(こた)えます。

연습하기

1 보기와 같이 문장을 완성하시오.

보기

急(いそ)ぐ → a. 急(いそ)いだ方(ほう)がいいです。

b. 急(いそ)がない方(ほう)がいいです。

❶ 連絡(れんらく)する

→ a. ______________________________。

b. ______________________________。

❷ 窓(まど)を開(あ)ける

→ a. ______________________________。

b. ______________________________。

❸ 車(くるま)に乗(の)る

→ a. ______________________________。

b. ______________________________。

❹ 連(つ)れてくる

→ a. ______________________________。

b. ______________________________。

❺ 友(とも)だちを信(しん)じる

→ a. ______________________________。

b. ______________________________。

2 보기와 같이 문장을 완성하시오.

보기

❶ 風邪です / 薬を飲む

➜ 風邪ですから、薬を飲んだ方がいいです。

❷ 古い牛乳です / 飲む

➜ 古い牛乳ですから、飲まない方がいいです。

❶ 雨です / 傘を持っていく

➜ ______________________________。

❷ 太っています / 毎日運動する

➜ ______________________________。

❸ 子どもが寝ています / 大きな声で話す

➜ ______________________________。

❹ 喉がはれています / 歌う

➜ ______________________________。

❺ 疲れています / ゆっくり休む

➜ ______________________________。

3 아래의 ( )에서 문장을 골라, 보기와 같이 문장을 완성하시오.

> **보기**
> 頭が痛いです。
> ➜ <u>ゆっくり休んだ方がいいです</u>。

❶ ひどい便秘です。

➜ ____________________________________。

❷ 下痢をしています。

➜ ____________________________________。

❸ 寒気がします。

➜ ____________________________________。

❹ 熱があります。

➜ ____________________________________。

ⓐ 水をたくさん飲む	ⓑ ゆっくり休む	ⓒ 暖かいしょうが湯を飲む
ⓓ 何も食べない	ⓔ お風呂に入る	ⓕ 病院へ行く
ⓖ 薬を飲む	ⓗ 野菜を食べる	ⓘ 運動をする
ⓙ 歩く	ⓚ サウナに行ってゆっくりする	ⓛ 遅くまで仕事をする

4 보기와 같이 문장을 완성하시오.

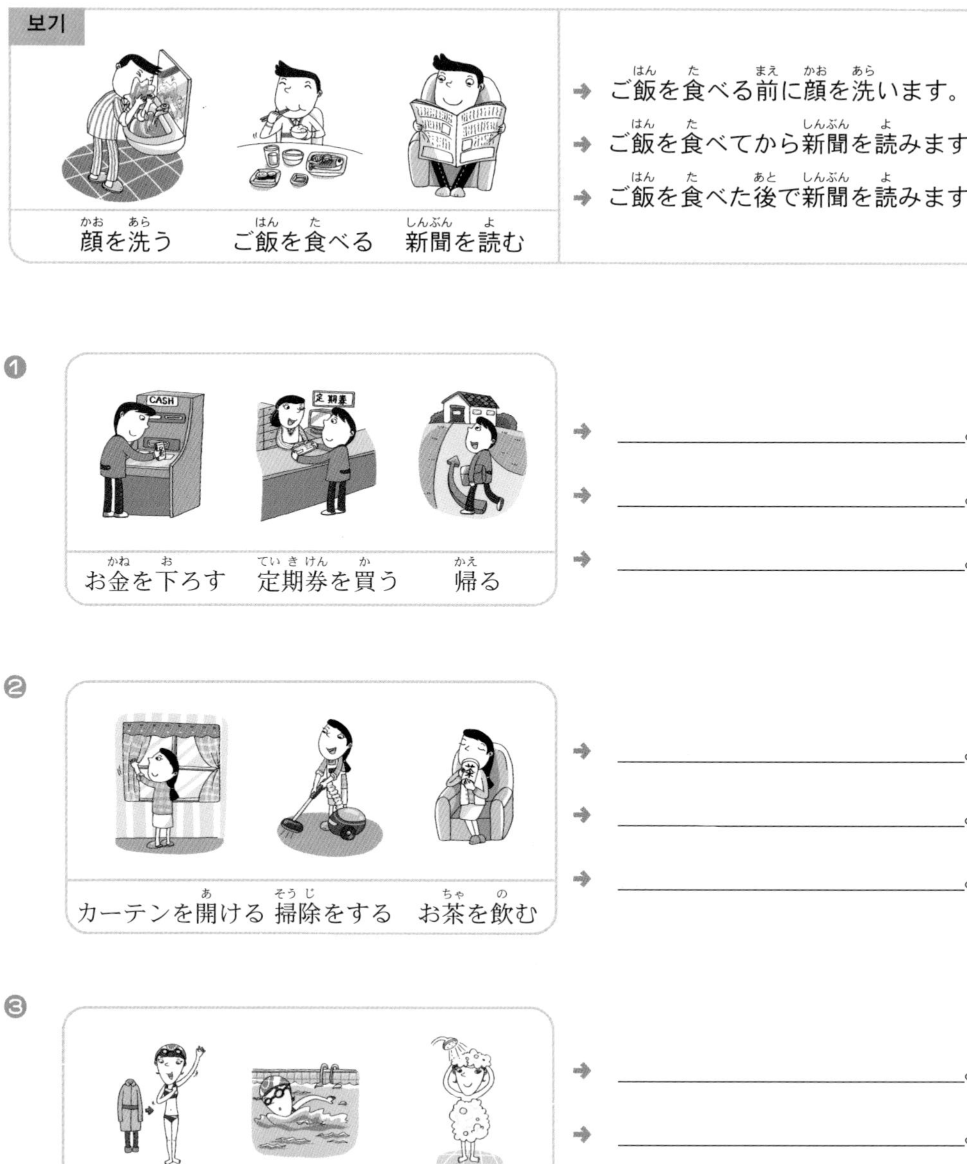

보기

顔を洗う　ご飯を食べる　新聞を読む

➔ ご飯を食べる前に顔を洗います。
➔ ご飯を食べてから新聞を読みます。
➔ ご飯を食べた後で新聞を読みます。

❶ お金を下ろす　定期券を買う　帰る

➔ ＿＿＿＿＿＿＿＿＿＿＿＿＿＿。
➔ ＿＿＿＿＿＿＿＿＿＿＿＿＿＿。
➔ ＿＿＿＿＿＿＿＿＿＿＿＿＿＿。

❷ カーテンを開ける　掃除をする　お茶を飲む

➔ ＿＿＿＿＿＿＿＿＿＿＿＿＿＿。
➔ ＿＿＿＿＿＿＿＿＿＿＿＿＿＿。
➔ ＿＿＿＿＿＿＿＿＿＿＿＿＿＿。

❸ 水着に着替える　泳ぐ　シャワーを浴びる

➔ ＿＿＿＿＿＿＿＿＿＿＿＿＿＿。
➔ ＿＿＿＿＿＿＿＿＿＿＿＿＿＿。
➔ ＿＿＿＿＿＿＿＿＿＿＿＿＿＿。

5 다음을 일본어로 작문하시오.

❶ 유학가기 전에 공부하는 편이 좋습니다. (留学[りゅうがく]する)

➜ ______________________________。

❷ 설사 할 때에는 아무것도 먹지 않는 편이 좋습니다.

➜ ______________________________。

Chapter

18 おにぎりは作(つく)れます。

주먹밥은 만들 수 있습니다.

1-19

佐藤(さとう)さんの家(うえ)で

佐藤(さとう)さんの母(はは)　お待(ま)たせしました。お腹空(なかす)いたでしょう。

マリー　ええ……。わあ、すき焼(や)きですね。

佐藤(さとう)さんの母(はは)　冷(さ)めないうちにどうぞ。

マリー　じゃ、遠慮(えんりょ)なくいただきます。

うわ～、本当(ほんとう)においしいですね。

佐藤(さとう)　母(はは)の趣味(しゅみ)は料理(りょうり)をすることなんです。

マリー　あ、そうですか。私(わたし)の趣味(しゅみ)も料理(りょうり)なんです。

佐藤(さとう)さんの母(はは)　マリーさんは日本料理(にほんりょうり)の中(なか)で何(なに)が作(つく)れますか。

お待(ま)たせしました 기다리게 해서 죄송합니다

お腹(なか)が空(す)く 배가 고프다

～でしょう ~지요

すき焼(や)き 전골

冷(さ)める 식다

～うちに ~동안에

遠慮(えんりょ)なく 사양 말고

いただきます 잘 먹겠습니다

本当(ほんとう)に 정말로

趣味(しゅみ) 취미

～こと ~하는 것

マリー　　おにぎりは作(つく)れますが、他(ほか)はちょっと……。

お母(かあ)さんの得意(とくい)な料理(りょうり)は何(なん)ですか。

佐藤(さとう)さんの母(はは)　　そうですね。肉(にく)じゃがかしら……。

マリー　　じゃ、今度(こんど)ぜひ教(おし)えてください。

佐藤(さとう)さんの母(はは)　　はい、いつでもどうぞ。

おにぎり 주먹밥	他(ほか) 그 외	得意(とくい)だ 특기다	肉(にく)じゃが 고기감자조림
～かしら (종조사) ～일까	今度(こんど) 이번, 다음	ぜひ 꼭	教(おし)える 가르치다

문형살피기

1 ～を …ことができます。 ～은[는] …할 수 있습니다.
…ことができません。 ～은[는] …할 수 없습니다.

キムチ ピアノ	を	作(つく)る 弾(ひ)く	ことができます。

日本語(にほんご)で電話(でんわ) 運転(うんてん)	を	かける する	ことができません。

2 ～が + 가능형 ～은[는] ～할 수 있습니다.

동사	가능형 만드는 법			
1그룹 동사	買(か)う	➡	買(か)える	買(か)えます
	行(い)く		行(い)ける	行(い)けます
	泳(およ)ぐ		泳(およ)げる	泳(およ)げます
	話(はな)す		話(はな)せる	話(はな)せます
	待(ま)つ		待(ま)てる	待(ま)てます
	死(し)ぬ		死(し)ねる	死(し)ねます
	遊(あそ)ぶ		遊(あそ)べる	遊(あそ)べます
	飲(の)む		飲(の)める	飲(の)めます
	乗(の)る		乗(の)れる	乗(の)れます
2그룹 동사	起(お)きる	➡	起(お)きられる	起(お)きられます
	見(み)る		見(み)られる	見(み)られます
	食(た)べる		食(た)べられる	食(た)べられます
	寝(ね)る		寝(ね)られる	寝(ね)られます

3그룹동사	来(く)る する 勉強(べんきょう)する	→ 来(こ)られる できる 勉強(べんきょう)できる	来(こ)られます できます 勉強(べんきょう)できます

- キムチが作(つく)れます。
- ピアノが弾(ひ)けます。
- 運転(うんてん)ができます。

3 趣味(しゅみ)は ～を …ことです。 취미는 ~을[를] … 것입니다.

私(わたし)の趣味(しゅみ)は [歌(うた) / 映画(えいが) / コミック / ゲーム] を [歌(うた)う / 見(み)る / 読(よ)む / する] ことです。

연습하기

1 다음 표를 가능형으로 완성하시오.

기본형	그룹	가능형
보기 乗(の)る	1	乗(の)れる
❶ する		
❷ 来(く)る		
❸ 死(し)ぬ		
❹ 教(おし)える		
❺ 聞(き)く		
❻ 着(き)る		
❼ 脱(ぬ)ぐ		
❽ 散歩(さんぽ)する		
❾ 持(も)つ		
❿ 出(で)かける		
⓫ 休(やす)む		
⓬ 吸(す)う		
⓭ 呼(よ)ぶ		
⓮ 消(け)す		
⓯ 歌(うた)う		
⓰ 行(い)く		
⓱ 帰(かえ)る		

2 보기와 같이 문장을 완성하시오.

보기　泳(およ)ぐ → 泳(およ)ぐことができます。

1. 速(はや)く走(はし)る → ______________________。
2. 相撲(すもう)を見(み)る → ______________________。
3. お金(かね)を下(お)ろす → ______________________。
4. 日本語(にほんご)でメールを送(おく)る → ______________________。
5. 自転車(じてんしゃ)に乗(の)る → ______________________。

3 보기와 같이 문장을 완성하시오.

보기　漢字(かんじ)を書(か)く → 漢字(かんじ)が書(か)けます。

1. 納豆(なっとう)を食(た)べる → ______________________。
2. 一人(ひとり)で着物(きもの)を着(き)る → ______________________。
3. 海(うみ)で泳(およ)ぐ → ______________________。
4. ３０分(さんじゅっぷん)で来(く)る → ______________________。
5. ゴルフをする → ______________________。

4 보기와 같이 문장을 완성하시오.

보기

A : 泳(およ)ぐことができますか。

B : はい、泳(およ)げます。/ いいえ、泳(およ)げません。

❶ A : 銀行(ぎんこう)でお金(かね)を借(か)りることができますか。

B : ______________________________。

❷ A : 日本料理(にほんりょうり)を作(つく)ることができますか。

B : ______________________________。

❸ A : 上手(じょうず)に歌(うた)を歌(うた)うことができますか。

B : ______________________________。

❹ A : 一人(ひとり)で海外旅行(かいがいりょこう)に行(い)くことができますか。

B : ______________________________。

❺ A : マンションでペットを飼(か)うことができますか。

B : ______________________________。

5 보기와 같이 문장을 완성하시오.

보기

A：キムさんの趣味(しゅみ)は何(なん)ですか。

B：私の趣味(しゅみ)はゴルフをすることです。（私の趣味(しゅみ)はゴルフです。）

A：あなたの趣味(しゅみ)は何(なん)ですか。

B：＿＿＿＿＿＿＿＿＿＿＿＿＿＿＿＿＿。

音楽(おんがく)を聞(き)く	切手(きって)を集(あつ)める	スキーをする
マジックをする	料理(りょうり)をする	山(やま)に登(のぼ)る(山登(やまのぼ)り)
歌(うた)を歌(うた)う	旅行(りょこう)をする	泳(およ)ぐ(水泳(すいえい)・スイミング)
釣(つ)りをする	ドライブをする	アニメを見(み)る
チャットをする	ヨガをする	J-POP(ジェー・ポップ)を聞(き)く
クロスステッチをする	マラソンをする	コミックを読(よ)む
映画(えいが)を見(み)る	インラインスケートをする	写真(しゃしん)を撮(と)る
ピアノを弾(ひ)く		

6 다음을 일본어로 작문하시오.

❶ 한자로 이름을 쓸 수 있습니까?

➜ ＿＿＿＿＿＿＿＿＿＿＿＿＿＿＿＿＿。

❷ 일본 노래를 부를 수 있습니다.

➜ ＿＿＿＿＿＿＿＿＿＿＿＿＿＿＿＿＿。

794년 간무천황 (桓武天皇) 때에 헤이안쿄 (平安京) 를 건설하고 천도한 후로, 교토는 400년 동안 헤이안시대 (平安時代) 의 중심지로 번영하였다.

옛 왕궁인 교토고쇼 (京都御所) 와 도쿠가와 (徳川) 가의 니죠성 (二条城) 등이 있고, 시역 안에 1534개의 사찰과 245개의 신사 (神社) 가 있다.

킨카쿠지 金閣寺

킨카쿠지 (金閣寺) 는 기요미즈데라 (清水寺) 와 함께 교토의 2대 관광지로 손꼽히는 곳이다. 정식 명칭은 로쿠온지 (鹿苑寺) 라고 하는데, 금각 3층 건물 중 2, 3층이 금박으로 덮여있어 킨카쿠지로 더 많이 알려져 있다.

기요미즈데라 清水寺

1633년 도쿠가와 이에야스 (徳川家康) 의 원조를 받아 재건된 것이다. 국보인 본당을 비롯하여 15개의 당탑은 중요 문화재로 지정되어 있다.

기요미즈데라의 무대는 본존 십일면관음상에 절하는 장소로, 139개의 기둥으로 받쳐져서 벼랑 위에 서 있으며 히가시야마 (東山) 의 36봉을 등지고 있다. 이곳에서는 교토 시가지를 조망할 수 있다.

기온 마쓰리 祇園祭(ぎおんまつり)

기온 마쓰리는 일본 중요 무형민속문화재로 약1100년 전에 전염병을 퇴치하기 위해 호코 (鉾(ほこ)) 66기를 만들어서 기원했던 것이 그 기원이다.

매년 7월 1일부터 31일까지 행해진다. 기온마쓰리의 하이라이트는 17일에 있는 야마보코 (山鉾(やまぼこ)) 행진으로, 거대한 야마보코가 거리를 행진한다.

마이코 舞妓(まいこ)

마이코는 교토 기온 (祇園(ぎおん)) 의 연회석에서 춤을 추는 어린 게이샤 (芸者(げいしゃ)) 를 말한다. 마이코는 15세에 시작하여 18세 정도에 끝난다.

마이코의 복장은 인형같이 두껍게 흰 화장을 하고 머리는 전통적인 스타일이다. 기모노의 소매는 길고, 등 뒤로 옷이 파여져 있으며 등 뒤 묶는 천은 금실과 은실로 수놓은 화려한 허리띠로 천이 늘어져 있다.

Chapter

19 マリーさんは彼(かれ)に何(なに)をもらいましたか。

 I-20

마리 씨는 남자친구에게서 무엇을 받았습니까?

ハンバーガーショップで

マリー　どうしたんですか。

キム　彼女(かのじょ)の誕生日(たんじょうび)プレゼントのことで頭(あたま)が痛(いた)いんですよ。

マリー　あ、誕生日(たんじょうび)プレゼントですか。

キムさんは去年(きょねん)何(なに)をあげましたか。

キム　ピアスをあげました。

ところで、マリーさんは彼(かれ)に何(なに)をもらいましたか。

マリー　彼(かれ)は香水(こうすい)をくれましたが、とてもうれしかったですよ。

キム　あ、それはいいアイディアですね。

僕(ぼく)も香水(こうすい)を買(か)ってあげようかなあ。

誕生日(たんじょうび)プレゼント 생일선물　去年(きょねん) 작년　あげる 주다, 드리다

ピアス 귀걸이　ところで 그런데　もらう 받다　香水(こうすい) 향수

くれる (남이) 주다　うれしい 기쁘다　アイディア 아이디어　僕(ぼく) 나

お礼の手紙

佐藤さんのお母さんへ

お元気ですか。

この間は本当にありがとうございました。

お母さんが作ってくださったすき焼きはとてもおいしかったです。

それにお母さんに日本の文化を教えていただいたり、写真を見せていただいたりして本当に楽しかったです。

今度は母に教えてもらったケーキを作って遊びに行きたいです。

それでは、また。

マリーより

10月 10日

お礼 감사	この間 요전	～てくださる ～해 주시다
それに 게다가	文化 문화	～ていただく ～해 받다
見せる 보여 주다	今度 다음, 이번	～てもらう ～해 받다
ケーキ 케이크	また 또	～より ～로부터

문형 살피기

1 私(わたし)は ～に …を やります。 나는 ～에게 …을[를] 줍니다.
あげます。 줍니다.
さしあげます。 드립니다.

私(わたし)は	犬(いぬ)	に	えさ	を	やりました。
	友(とも)だち		プレゼント		あげました。
	先生(せんせい)		花(はな)		さしあげました。

2 ～は 私(わたし)に …を くれます。 ～는 나에게 …을[를] 줍니다.
くださいます。 주십니다.

母(はは)	は	私(わたし)に	お小遣(こづか)い	を	くれました。
先生(せんせい)			お菓子(かし)		くださいました。

3 私(わたし)は ～に …を もらいます。 나는 ～에게 …을[를] 받습니다.
いただきます。

私(わたし)は	恋人(こいびと)	に	花束(はなたば)	を	もらいました。
	先生(せんせい)		辞書(じしょ)		いただきました。

4 私(わたし)は ～に …を ―てあげます。 나는 ～에게 …을[를] ―해 줍니다.

私(わたし)は	友(とも)だち	に	電話番号(でんわばんごう)	を	教(おし)えて	あげました。
	彼女(かのじょ)		香水(こうすい)		買(か)って	

5 ～は私(わたし)に …を ―てくれます。 ～는 나에게 …을[를] ―해 줍니다.
―てくださいます。 ―해 주십니다.

母(はは)	は	私(わたし)に	コーヒー	を	入(い)れて	くれました。
木村先生(きむらせんせい)			吉田先生(よしだせんせい)		紹介(しょうかい)して	くださいました。

6 私(わたし)は ～に …を ―てもらいます。 나는 ～에게 …을[를] ―해 받습니다.
―ていただきます。

私は	友(とも)だち	に	済州(チェジュ)	を	案内(あんない)して	もらいました。
	先生(せんせい)		日本語(にほんご)		教(おし)えて	いただきました。

연습하기

1 やる, あげる, さしあげる를 사용하여 문장을 완성하시오.

보기

私 → キムさん（買う）

● せっけん

A：<u>私はキムさんにせっけんをあげました</u>。

B：<u>私はキムさんにせっけんを買ってあげました</u>。

❶ 私 → 友だち（貸す）

● 辞書

A：＿＿＿＿＿＿＿＿＿＿＿＿＿＿＿＿＿＿＿＿。

B：＿＿＿＿＿＿＿＿＿＿＿＿＿＿＿＿＿＿＿＿。

❷ 私 → 先生（作る）

● 人形

A：＿＿＿＿＿＿＿＿＿＿＿＿＿＿＿＿＿＿＿＿。

B：＿＿＿＿＿＿＿＿＿＿＿＿＿＿＿＿＿＿＿＿。

❸ 私 → 祖父（見せる）

● アルバム

A：＿＿＿＿＿＿＿＿＿＿＿＿＿＿＿＿＿＿＿＿。

B：＿＿＿＿＿＿＿＿＿＿＿＿＿＿＿＿＿＿＿＿。

❹ 私 → 妹（買う）

● ハンカチ

A：＿＿＿＿＿＿＿＿＿＿＿＿＿＿＿＿＿＿＿＿。

B：＿＿＿＿＿＿＿＿＿＿＿＿＿＿＿＿＿＿＿＿。

2 くれる, くださる를 사용하여 문장을 완성하시오.

보기

友だち → 私（買う）

● 本

A : 友だちは私に本をくれました。

B : 友だちは私に本を買ってくれました。

❶

同僚 → 私の妹（編む）

● 手袋

A: ____________________。

B: ____________________。

❷

パクさん → 私（貸す）

● お金

A: ____________________。

B: ____________________。

❸

恋人 → 私（はめる）

● 指輪

A: ____________________。

B: ____________________。

❹

先生 → 私（注ぐ）

● ワイン

A: ____________________。

B: ____________________。

3 もらう, いただく를 사용하여 문장을 완성하시오.

보기

私 ← 先輩（買う）

● 宝塚のチケット

A：私は先輩に宝塚のチケットをもらいました。

B：私は先輩に宝塚のチケットを買ってもらいました。

❶

私 ← 友だち（貸す）

● ビデオ

A：＿＿＿＿＿＿＿＿＿＿＿＿＿＿＿＿＿＿＿＿。

B：＿＿＿＿＿＿＿＿＿＿＿＿＿＿＿＿＿＿＿＿。

❷

私 ← 先生（入れる）

● お茶

A：＿＿＿＿＿＿＿＿＿＿＿＿＿＿＿＿＿＿＿＿。

B：＿＿＿＿＿＿＿＿＿＿＿＿＿＿＿＿＿＿＿＿。

❸

私 ← 主人（洗う）

● 皿

A：＿＿＿＿＿＿＿＿＿＿＿＿＿＿＿＿＿＿＿＿。

B：＿＿＿＿＿＿＿＿＿＿＿＿＿＿＿＿＿＿＿＿。

❹

私 ← 彼（弾く）

● ギター

A：＿＿＿＿＿＿＿＿＿＿＿＿＿＿＿＿＿＿＿＿。

B：＿＿＿＿＿＿＿＿＿＿＿＿＿＿＿＿＿＿＿＿。

4 다음 질문에 답하시오.

❶ 父の日、母の日にどんなことをしてあげましたか。

➜ ____。

❷ 誕生日に何をしてもらいたいですか。

➜ ____。

❸ (将来の)主人／妻に何をしてもらいたいですか。

➜ ____。

5 다음을 일본어로 작문하시오.

❶ 친구 생일에 무엇을 주었습니까?

➜ ____。

❷ 친구는 내 생일에 케이크를 만들어 주었습니다.

➜ ____。

도쿄타워 東京タワー

1958년에 TV와 무선통신 중계탑으로 건축하였다. 프랑스 파리의 에펠탑을 모방한 것으로 높이는 에펠탑보다 10m더 높은 333m로, 일본에서 제일 높은 건물이다. 날씨가 맑을 때는 후지산 (富士山) 까지 볼 수 있다.

고쿄 皇居

고쿄 정문에는 안경 모양의 돌다리가 있는데 이것이 메가네바시 (眼鏡橋) 이다. 그 뒤에는 철교인 니주바시가 있고, 이를 통해 고쿄 쪽으로 들어갈 수 있다. 고쿄는 일본의 천황과 그 가족들이 살고 있는 궁성으로 일반인들에게는 일년에 두 번 밖에 개방하지 않는다.

메이지진구 明治神宮

메이지천황과 쇼켄 (昭憲) 황태후를 제사 지내는 곳으로 1920년에 건립된 곳이다. 높이 12미터나 되는 일본 초대의 목조 도리이 (鳥居) 가 있고, 그 안에 본전 (本殿) 이 있다. 신토 (神道) 건축양식으로 지워졌으며, 1958년에 개건된 곳이다.

센소지 浅草寺(せんそうじ)

아사쿠사관음사 (浅草観音寺(あさくさかんおんじ)) 라고도 한다. 628년 어부 형제가 바다에서 그물로 건져 올린 관세음보살상을 모시기 위해 건립하였다. 도쿄의 대표적인 사찰로 단일 관광지로는 일본에서 가장 많은 관광객이 찾는 일본의 명소이다.

오다이바 お台場(だいば)

데이트의 명소로 꼽히는 첨단계획도시. 쇼룸, 쇼핑, 패션, 방송사, 전시장등이 있는 도쿄 최대 볼거리들이 모여 있는 곳이다.

우에노 上野(うえの)의 아메요코 アメ横(よこ)

우에노의 아메요코 (アメ横(よこ)) 시장은 도쿄에서 유일하게 남은 재래식 시장으로 가격을 흥정할 수 있는 흔치않은 곳이다. 가격을 흥정해 물건을 사는 재미로 많은 일본인과 외국인들이 모여든다.

Chapter

20 何(なに)か飲(の)まない？

1-21

뭐 마시지 않을래?

カラオケで

佐藤(さとう)　何(なに)を歌(うた)う？

キム　X－Japan(エックスジャパン)のを歌(うた)おうかな。

佐藤(さとう)　ちょっと難(むずか)しいと思(おも)うけど……。

キム　ううん、大丈夫(だいじょうぶ)。

（二人(ふたり)とも盛(も)り上(あ)がっている）

キム　ああ、喉渇(のどかわ)いた。何(なに)か飲(の)まない？

佐藤(さとう)　僕(ぼく)、ジュース。

キム　じゃ、僕(ぼく)は缶(かん)コーヒーにしよう！

カラオケ 가라오케　　X－ Japan(エックスジャパン) X－ 재팬　　～かな ～일까?

～と思(おも)う ～라고 생각한다　　大丈夫(だいじょうぶ)だ 괜찮다　　喉(のど) 목

渇(かわ)く 마르다

カラオケから出(で)て

佐藤(さとう)　あ～、楽(たの)しかった。これからどこへ行(い)こうか。

キム　う～ん、家(うち)へ帰(かえ)ろうと思(おも)う。

佐藤(さとう)　もう帰(かえ)るの。

キム　うん、来週(らいしゅう)ゼミの発表(はっぴょう)があるから準備(じゅんび)しないと……。

佐藤(さとう)　そう。じゃ、また。

ゼミ 세미나 (교수지도 아래 행하는 학생의 공동연구 · 연습)

発表(はっぴょう) 발표　　**準備(じゅんび)** 준비　　**そう** 그래

また 또

문형 살피기

1 정중체와 보통체

	정중체	보통체
동사	行(い)きます	行(い)く
	行(い)きません	行(い)かない
	行(い)きました	行(い)った
	行(い)きませんでした	行(い)かなかった
い형용사	暑(あつ)いです	暑(あつ)い
	暑(あつ)くないです	暑(あつ)くない
	暑(あつ)かったです	暑(あつ)かった
	暑(あつ)くなかったです	暑(あつ)くなかった
な형용사	暇(ひま)です	暇(ひま)だ
	暇(ひま)ではありません	暇(ひま)ではない
	暇(ひま)でした	暇(ひま)だった
	暇(ひま)ではありませんでした	暇(ひま)ではなかった
명사	休(やす)みです	休(やす)みだ
	休(やす)みではありません	休(やす)みではない
	休(やす)みでした	休(やす)みだった
	休(やす)みではありませんでした	休(やす)みではなかった

2 ～と思(おも)います。 ～라고 생각합니다.

キムさんはダンスができる もう帰(かえ)った パーティーに来(こ)ない 明日(あした)は忙(いそが)しくない 韓国人(かんこくじん)はサッカーが好(す)きだ 昔(むかし)はきれいだった 日曜日(にちようび)はいい天気(てんき)だ	と思(おも)います。

문형 살피기

3 의지형

동사	의지형 만드는 법
1그룹동사	買(か)う → 買(か)おう
	行(い)く → 行(い)こう
	泳(およ)ぐ → 泳(およ)ごう
	話(はな)す → 話(はな)そう
	待(ま)つ → 待(ま)とう
	死(し)ぬ → 死(し)のう
	遊(あそ)ぶ → 遊(あそ)ぼう
	飲(の)む → 飲(の)もう
	乗(の)る → 乗(の)ろう
2그룹동사	起(お)きる → 起(お)きよう
	見(み)る → 見(み)よう
	食(た)べる → 食(た)べよう
	寝(ね)る → 寝(ね)よう
3그룹동사	来(く)る → 来(こ)よう
	する → しよう
	勉強(べんきょう)する → 勉強(べんきょう)しよう

4 ～と思(おも)います。 ～하려고 생각합니다.
～と思(おも)っています。 ～하려고 생각하고 있습니다.

冬休(ふゆやす)みに運転免許(うんてんめんきょ)を取(と)ろう 会社(かいしゃ)を作(つく)ろう	と思(おも)います。
今年(ことし)はタバコをやめよう 日本(にほん)へ留学(りゅうがく)しよう	と思(おも)っています。

연습하기

1 다음 표를 보통체로 완성하시오.

보기 書(か)きます	書(か)きません	書(か)きました	書(か)きませんでした
書(か)く	書(か)かない	書(か)いた	書(か)かなかった
❶ 急(いそ)ぎます	急(いそ)ぎません	急(いそ)ぎました	急(いそ)ぎませんでした
❷ 話(はな)します	話(はな)しません	話(はな)しました	話(はな)しませんでした
❸ 待(ま)ちます	待(ま)ちません	待(ま)ちました	待(ま)ちませんでした
❹ 遊(あそ)びます	遊(あそ)びません	遊(あそ)びました	遊(あそ)びませんでした
❺ 飲(の)みます	飲(の)みません	飲(の)みました	飲(の)みませんでした
❻ あります	ありません	ありました	ありませんでした
❼ 買(か)います	買(か)いません	買(か)いました	買(か)いませんでした
❽ 見(み)ます	見(み)ません	見(み)ました	見(み)ませんでした
❾ 食(た)べます	食(た)べません	食(た)べました	食(た)べませんでした

⑩ します	しません	しました	しませんでした
⑪ 来(き)ます	来(き)ません	来(き)ました	来(き)ませんでした
⑫ 死(し)にます	死(し)にません	死(し)にました	死(し)にませんでした

⑬おいしいです	おいしくないです	おいしかったです	おいしくなかったです
⑭ いいです	よくないです	よかったです	よくなかったです
⑮ 上手(じょうず)です	上手(じょうず)ではありません	上手(じょうず)でした	上手(じょうず)ではありませんでした
⑯ 元気(げんき)です	元気(げんき)ではありません	元気(げんき)でした	元気(げんき)ではありませんでした
⑰ 田舎です	田舎(いなか)ではありません	田舎(いなか)でした	田舎(いなか)ではありませんでした

2 다음 표를 의지형으로 완성하시오.

기본형	그룹	의지형
보기 乗(の)る	1	乗(の)ろう
❶ 立(た)つ		
❷ 歩(ある)く		
❸ 覚(おぼ)える		
❹ 見(み)つける		
❺ 帰(かえ)る		
❻ 寝(ね)る		
❼ 飲(の)む		
❽ 結婚(けっこん)する		
❾ 入(い)れる		
❿ 使(つか)う		
⓫ 置(お)く		
⓬ 始(はじ)める		
⓭ 泳(およ)ぐ		
⓮ 呼(よ)ぶ		
⓯ 連(つ)れてくる		
⓰ 返(かえ)す		

3 보기와 같이 다음을 완성하시오.

보기

A：ご飯(はん)を食(た)べましたか。 ➜ ごはんを食(た)べた？

B：はい、食(た)べました。 ➜ うん、食(た)べた。

いいえ、食(た)べませんでした。 ➜ ううん、食(た)べなかった。

❶ A：昨日(きのう)、映画(えいが)を見(み)ましたか。 ➜ ＿＿＿＿＿＿＿＿＿＿？

B：はい、見(み)ました。 ➜ ＿＿＿＿＿＿＿＿＿＿。

いいえ、見(み)ませんでした。 ➜ ＿＿＿＿＿＿＿＿＿＿。

❷ A：明日(あした)は忙(いそが)しいですか。 ➜ ＿＿＿＿＿＿＿＿＿＿？

B：はい、忙(いそが)しいです。 ➜ ＿＿＿＿＿＿＿＿＿＿。

いいえ、忙(いそが)しくないです。 ➜ ＿＿＿＿＿＿＿＿＿＿。

❸ A：昨日(きのう)は暇(ひま)でしたか。 ➜ ＿＿＿＿＿＿＿＿＿＿？

B：はい、暇(ひま)でした。 ➜ ＿＿＿＿＿＿＿＿＿＿。

いいえ、暇(ひま)ではなかったです。 ➜ ＿＿＿＿＿＿＿＿＿＿。

❹ A：あの店(みせ)は日曜日(にちようび)休(やす)みですか。 ➜ ＿＿＿＿＿＿＿＿＿＿？

B：はい、休(やす)みです。 ➜ ＿＿＿＿＿＿＿＿＿＿。

いいえ、休(やす)みではないです。 ➜ ＿＿＿＿＿＿＿＿＿＿。

❺ A：今日(きょう)、キムさんは来(き)ませんか。 ➜ ＿＿＿＿＿＿＿＿＿＿？

B：はい、来(き)ません。 ➜ ＿＿＿＿＿＿＿＿＿＿。

いいえ、来(き)ます。 ➜ ＿＿＿＿＿＿＿＿＿＿。

4 보기와 같이 다음을 완성하시오.

보기

A：明日(あした)は雨(あめ)が降(ふ)りますか。

B：はい、降(ふ)ると思(おも)います。

いいえ、降(ふ)らないと思(おも)います。

❶ A：東京(とうきょう)の冬(ふゆ)は寒(さむ)いですか。

B：はい、＿＿＿＿＿＿＿＿＿＿＿＿＿＿＿＿。

いいえ、＿＿＿＿＿＿＿＿＿＿＿＿＿＿＿＿。

❷ A：秋(あき)の漢拏山(ハンラサン)はきれいですか。

B：はい、＿＿＿＿＿＿＿＿＿＿＿＿＿＿＿＿。

いいえ、＿＿＿＿＿＿＿＿＿＿＿＿＿＿＿＿。

❸ A：先生(せんせい)は日本人(にほんじん)ですか。

B：はい、＿＿＿＿＿＿＿＿＿＿＿＿＿＿＿＿。

いいえ、＿＿＿＿＿＿＿＿＿＿＿＿＿＿＿＿。

❹ A：彼(かれ)は遠足(えんそく)に行(い)きますか。

B：はい、＿＿＿＿＿＿＿＿＿＿＿＿＿＿＿＿。

いいえ、＿＿＿＿＿＿＿＿＿＿＿＿＿＿＿＿。

5 보기와 같이 다음을 완성하시오.

보기

A：明日(あした)、何(なに)をしますか。(テニスをする)

B：テニスをしようと思(おも)っています。

❶ A：これからどこへ行(い)きますか。(図書館(としょかん)へ行(い)く)

B：＿＿＿＿＿＿＿＿＿＿＿＿＿＿＿＿＿＿＿＿。

❷ A：休(やす)みに何(なに)をしますか。(家(いえ)にいる)

B：＿＿＿＿＿＿＿＿＿＿＿＿＿＿＿＿＿＿＿＿。

❸ A：クリスマスに彼女(かのじょ)に何(なに)をあげますか。(ネックレスをあげる)

B：＿＿＿＿＿＿＿＿＿＿＿＿＿＿＿＿＿＿＿＿。

❹ A：将来(しょうらい)何(なに)になりたいですか。(医者(いしゃ) / 芸能人(げいのうじん) / 公務員(こうむいん) / 警察官(けいさつかん))

B：＿＿＿＿＿＿＿＿＿＿＿＿＿＿＿＿＿＿＿＿。

❺ A：週末(しゅうまつ)何(なに)をしますか。(山(やま)に登(のぼ)る)

B：＿＿＿＿＿＿＿＿＿＿＿＿＿＿＿＿＿＿＿＿。

6 다음을 일본어로 작문하시오.

❶ UFO는 정말로 있다고 생각합니까? (UFO(ユーフォー))

➜ ＿＿＿＿＿＿＿＿＿＿＿＿＿＿＿＿＿＿＿＿＿＿＿＿＿＿＿＿。

❷ 꽃꽂이를 배우려고 생각하고 있습니다. (生(い)け花(ばな))

➜ ＿＿＿＿＿＿＿＿＿＿＿＿＿＿＿＿＿＿＿＿＿＿＿＿＿＿＿＿。

Copyrights ⓒ JNTO

가도마쓰 門松

오쇼가쓰(お正月)에 문의 양 옆에 세워두는 소나무를 가도마쓰(門松)라고 한다.

가도마쓰는 상록수인 소나무와 생명력이 강한 대나무의 짜 맞춤으로 건강하고 장수할 수 있도록 바라는 소원으로부터 비롯되었다.

가가미모치 鏡餅

거울처럼 납작하게 만든 떡을 가가미모치(鏡餅)라고 한다. 가가미모치는 신과 인간을 중개하는 것으로, 새해 첫 날 신에게 바치는 공물로 사용된다. 나무 제기 위에 흰 종이를 깔고 두세 개의 가가미모치를 쌓은 후 맨 꼭대기에 곶감, 다시마, 귤 등으로 장식한다.

Copyrights ⓒ JNTO

오세치요리 おせち料理

오세치요리(おせち料理)는 정월에 먹는 일본의 전통요리이다. 찬합에 담아 정월 3일 동안 먹는데 첫 번째단부터 이와이사까나(祝肴 : 술안주), 두 번째 단은 차를 마실 때 곁들이는 긴톤(金团 : 공이나 고구마를 삶아 으깨어 찐 밤 등을 넣은 단 음식), 세 번째 단에는 야끼모노(焼き物 : 구이), 네 번째 난에는 찜을 담는다.

시메카자리 しめ飾り

오쇼가쓰(お正月)에는 나쁜 신을 쫓기 위해서 집 여기저기에 시메카자리(しめ飾り)를 장식하는데, 이것은 인간에게 재난을 가져오게 하는 나쁜 신이 들어오지 못하도록 하는 의미가 담겨 있다.

하쓰모데 初もうで

설날에는 신사(神社)나 절(お寺)에 하쓰모데(初もうで)를 하러 간다. 도쿄(東京)의 메이지진구(明治神宮)나 오사카(大阪)의 스미요시타이샤(住吉大社) 등은 하쓰모데를 하러 온 사람들도 붐빈다. 결혼해서 집과 멀리 떨어져있는 아들이나 딸이 아이들을 데리고 고향으로 돌아와, 가족 모두 하쓰모데하러 나가는 풍경은 일본의 이곳저곳에서 볼 수 있다.

오토시다마 お年玉

오토시다마(お年玉)는 신에게 바친 제물의 남은 것을 나누었던 것이 그 시초이다. 우리나라의 세뱃돈과 같은 오토시다마는 오토시다마부쿠로(お年玉袋)에 넣어서 준다.

Chapter

21 冬休(ふゆやす)みになったらどうしますか。

1-22

겨울방학이 되면 어떻게 할 겁니까?

田中(たなか)　マリーさん、冬休(ふゆやす)みになったらどうしますか。

マリー　私(わたし)は海外旅行(かいがいりょこう)に行(い)きたいです。

田中(たなか)　どこへ行(い)きたいですか。

マリー　そうですね。韓国(かんこく)がいいですね。

田中(たなか)　マリーさんが韓国(かんこく)へ行(い)くなら私(わたし)もついて行(い)こう。

マリー　二人(ふたり)で行(い)けば心強(こころづよ)いかも知(し)れませんね。

あ、そういえばキムさんのふるさとは韓国(かんこく)ですよね。韓国(かんこく)のどちらですか。

海外旅行(かいがいりょこう) 해외여행　～なら ～한다면　ついて行(い)こう 따라 가야지

～ば ～면　心強(こころづよ)い 든든하다　～かも知(し)れません ～일지도 모릅니다

そういえば 그러고 보니　ふるさと 고향

キム　済州(チェジュ)です。国際自由都市(こくさいじゆうとし)として有名(ゆうめい)なところです。

マリー　キムさん、冬休(ふゆやす)みになったら済州(チェジュ)へ帰(かえ)りますか。

キム　ええ、帰(かえ)ります。

田中(たなか)　じゃ、マリーさん、キムさんが済州(チェジュ)へ帰(かえ)ったら、私(わたし)たちもいっしょに行(い)きましょうよ。

マリー　それはいい考(かんが)えですね。

キム　ええ、ぜひ遊(あそ)びに来(き)てください。冬(ふゆ)になると、漢拏山(ハンラサン)に雪(ゆき)がたくさん降(ふ)ります。

その時(とき)の景色(けしき)がとてもきれいですよ。

田中(たなか)　うわ～！冬(ふゆ)の済州(チェジュ)もいいですね。

国際自由都市(こくさいじゆうとし) 국제자유도시　　いい考(かんが)え 좋은 생각　　ぜひ 꼭, 반드시

景色(けしき) 경치

문형 살피기

1 동사 動詞

동사	조건형 만드는 법	
1그룹동사	買う	買えば
	行く	行けば
	急ぐ	急げば
	話す	話せば
	待つ	待てば
	死ぬ	死ねば
	遊ぶ	遊べば
	飲む	飲めば
	乗る	乗れば
2그룹동사	起きる	起きれば
	見る	見れば
	食べる	食べれば
	寝る	寝れば
3그룹동사	来る	来れば
	する	すれば
	勉強する	勉強すれば

형용사	安い	安ければ
	よい	よければ
	ない	なければ
	よくない	よくなければ
	行きたい	行きたければ
	行かない	行かなければ

練習**すれば**上手になります。

天気が**よければ**来ます。

先生に**聞けば**わかります。

高く**なければ**買います。

2 ～たら　～면

家に着いたら	電話してください。
宿題が終わったら	手伝います。
忙しかったら	無理しなくてもいいです。
暇だったら	いっしょにカラオケでも行きましょうか。
いい天気だったら	遊びに行きましょう。

3 ～と　～면

春になる	と	花が咲きます。
ボタンを押す		コーヒーが出ます。
まっすぐ行く		左側に銀行があります。
1に1をたす		2になります。
お酒を飲む		顔が赤くなります。

4 ～なら　～면, ～라면

山田さんが行く	なら、	私も行きます。
乗る		飲むな。
頭が痛い		休んだ方がいいです。
必要		いつでも使ってください。
日本料理		ふぐちりがいいです。

연습하기

1 보기와 같이 완성하시오.

	～ば	～たら	～と	～なら
보기 ある	あれば	あったら	あると	あるなら
❶ 飲(の)む				
❷ 見(み)る				
❸ 食(た)べる				
❹ する				
❺ 来(く)る				
❻ 難(むずか)しい				
❼ 忙(いそが)しい				
❽ いい				
❾ 元気(げんき)だ				
❿ きれいだ				
⓫ 静(しず)かだ				
⓬ 休(やす)み				
⓭ お金(かね)				

2 보기와 같이 다음을 완성하시오.

보기

雨が降る / 行きません

➜ 雨が降れば行きません。

❶ 値段が高い / 買いません

➜ 値段が＿＿＿＿＿＿＿＿買いません。

❷ お金がある / 何でも買えます

➜ お金が＿＿＿＿＿＿＿＿何でも買えます。

❸ 使い方がわからない / マニュアルを見てください

➜ 使い方が＿＿＿＿＿＿＿＿マニュアルを見てください。

❹ 薬を飲む / すぐ治ります

➜ 薬を＿＿＿＿＿＿＿＿すぐ治ります。

❺ 質がいい / 値段も高いでしょう

➜ 質が＿＿＿＿＿＿＿＿値段も高いでしょう。

3 아래 ( ) 속에서 적당한 표현을 골라 보기와 같이 완성하시오.

보기

3に2をたす。

➜ 3に2をたすと5になります。

❶ 砂糖を入れる。

➜ 砂糖を入れると＿＿＿＿＿＿＿＿＿＿。

❷ 日が暮れる。

➜ 日が暮れると＿＿＿＿＿＿＿＿＿＿。

❸ ボタンを押す。

➜ ボタンを押すと＿＿＿＿＿＿＿＿＿＿。

❹ 暗いところで本を読む。

➜ 暗いところで本を読むと＿＿＿＿＿＿＿＿＿＿。

❺ 疲れる。

➜ 疲れると＿＿＿＿＿＿＿＿＿＿。

甘くなる	暗くなる	5になる	目が悪くなる
眠くなる	おつりが出る		

4 보기와 같이 다음을 완성하시오.

보기

家(いえ)に着(つ)く

➜ 家(いえ)に着(つ)いたら、電話(でんわ)してください。

❶ 急(いそ)ぐ

➜ ____________、8時(はちじ)の電車(でんしゃ)に間(ま)に合(あ)います。

❷ わからない

➜ ____________、私(わたし)に聞(き)いてください。

❸ 暑(あつ)い

➜ ____________、クーラーをつけてください。

❹ 健康(けんこう)だ

➜ ____________、それで充分(じゅうぶん)です。

❺ 病気(びょうき)だ

➜ ____________、休(やす)んでもいいです。

5 보기와 같이 다음을 완성하시오.

보기

A : 花見(はなみ)に行(い)きたいです。

B : 花見(はなみ)に行(い)くなら、上野公園(うえのこうえん)がいいです。

❶ A : 日本(にほん)の古(ふる)いお寺(てら)を見(み)たいです。

B : ____________________、京都(きょうと)がいいです。

❷ A : あなたは名前(なまえ)も住所(じゅうしょ)も漢字(かんじ)で書(か)けますか。

B : ____________________書(か)けますが、住所(じゅうしょ)は書(か)けません。

❸ A : 荷物(にもつ)が多(おお)いです。

B : ____________________、タクシーを呼(よ)んだ方(ほう)がいいです。

❹ A : 私(わたし)は山登(やまのぼ)りが好(す)きです。

B : ____________________、明日(あした)いっしょに行(い)きませんか。

❺ A : 中国語(ちゅうごくご)が話(はな)せますか。

B : ____________________、話(はな)せます。

6 다음을 일본어로 작문하시오.

❶ 괜찮다면 놀러오지 않을래요?

➜ ____。

❷ 겨울이 되면 눈이 내립니다.

➜ ____。

せつぶん 節分

봄이 시작되는 2월 3일, 4일쯤을 세쓰분（節分(せつぶん)）이라고 한다.

세쓰분의 하이라이트는 마메마키（豆(まめ)まき）!

「"귀신은물러가고,복은들어오라（鬼(おに)は外(そと)、福(ふく)は内(うち)!）"」라고 외치면서 볶은 콩을 집 안팎에 뿌린다. 뿌린 다음 남은 콩은 가족끼리 모여서 자신의 나이만큼 먹기도 한다.

또한, 이 날 신사나 사원에서는 대중스타나 유명인을 초대하여 몰려든 참배객을 향해 마메마키행사를 한다. 또한 연예인뿐만 아니라 그 해와 같은 간지에 태어난 남녀（年男(としおとこ)、年女(としおんな)）도 콩을 뿌리는데, 그 콩을 먹으면 연중 건강하고 나쁜 일이 생기지 않는다고 하여 수많은 사람들이 그 콩을 받아먹고자 몰려든다.

Chapter

22 彼女を怒らせてしまいました。

I-23

여자친구를 화나게 만들었습니다.

バス停で

高橋	佐藤さん、あまり元気がないですね。
佐藤	ええ。実は、彼女を怒らせてしまって……。
高橋	へーえ、どうして？
佐藤	道が混んで、デートの時間に遅れてしまったんです。
高橋	それで？
佐藤	それで彼女を雪の中、一時間も待たせて……。
高橋	ふーん。それで彼女を怒らせてしまったんですか。
佐藤	ええ。高橋さん、こんな時はどうしたらいいんでしょうか。

実は 실은　　怒る 화내다　　デート 데이트
遅れる 늦다　　雪 눈

高橋(たかはし)　そうですね。ケーキバイキングでもごちそうしてあげたら、どうですか。

佐藤(さとう)　あっ！！ そうですね。

彼女(かのじょ)、ケーキに目(め)がないですから。

高橋(たかはし)さん、それ、参考(さんこう)にさせていただきます！！

ケーキバイキング 케이크 뷔페

目(め)がない 매우 좋아하다

参考(よんこう) 참고

문형살피기

1 사역형

동사	사역형 만드는 법		
1그룹동사	買(か)う	➡	買(か)わせる
	行(い)く		行(い)かせる
	急(いそ)ぐ		急(いそ)がせる
	話(はな)す		話(はな)させる
	待(ま)つ		待(ま)たせる
	死(し)ぬ		死(し)なせる
	呼(よ)ぶ		呼(よ)ばせる
	飲(の)む		飲(の)ませる
	乗(の)る		乗(の)らせる
2그룹동사	起(お)きる	➡	起(お)きさせる
	見(み)る		見(み)させる
	食(た)べる		食(た)べさせる
	寝(ね)る		寝(ね)させる
3그룹동사	来(く)る	➡	来(こ)させる
	する		させる
	勉強(べんきょう)する		勉強(べんきょう)させる

2 ～は…を—（さ）せます。 ～은[는] …을[를] —하게 합니다[시킵니다].

私(わたし)	は	娘(むすめ)	を	買(か)い物(もの)に行(い)かせます。
お母(かあ)さん		赤(あか)ちゃん		歩(ある)かせます。
兄(あに)		弟(おとうと)		いつも泣(な)かせます。
息子(むすこ)		親(おや)		心配(しんぱい)させます。

3 ～は…に‥を—（さ）せます。 ～은[는] …에게 ‥을[를] —하게 합니다 [시킵니다].

妻(つま)	は	夫(おっと)	に	料理(りょうり)	を	作(つく)らせます。
母(はは)		私(わたし)		薬(くすり)		飲(の)ませます。
姉(あね)		妹(いもうと)		部屋(へや)		片(かた)づけさせます。
先生(せんせい)		生徒(せいと)		辞書(じしょ)		持(も)ってこさせます。

4 ～(さ)せていただけませんか。 ～하게 해 주시지 않겠습니까?

明日(あした)休(やす)ませて	いただけませんか。
早(はや)く帰(かえ)らせて	
ちょっと考(かんが)えさせて	

연습하기

1 다음 표를 사역형으로 완성하시오.

기본형	그룹	사역형
보기 乗(の)る	1	乗(の)らせる
❶ 立(た)つ		
❷ 歩(ある)く		
❸ 覚(おぼ)える		
❹ 見(み)つける		
❺ 帰(かえ)る		
❻ 寝(ね)る		
❼ 飲(の)む		
❽ 結婚(けっこん)する		
❾ 入(い)れる		
❿ 使(つか)う		
⓫ 置(お)く		
⓬ 始(はじ)める		
⓭ 泳(およ)ぐ		
⓮ 呼(よ)ぶ		
⓯ 連(つ)れてくる		
⓰ 返(かえ)す		

2 보기와 같이 문장을 완성하시오.

보기

赤(あか)ちゃんは歩(ある)く (お母(かあ)さん)

➜ お母(かあ)さんは赤(あか)ちゃんを歩(ある)かせます。

❶ 子(こ)どもは塾(じゅく)に行(い)く (父(ちち))

➜ ＿＿＿＿＿＿＿＿＿＿＿＿＿＿＿＿＿＿＿＿。

❷ 学生(がくせい)は立(た)つ (先生(せんせい))

➜ ＿＿＿＿＿＿＿＿＿＿＿＿＿＿＿＿＿＿＿＿。

❸ 選手(せんしゅ)は走(はし)る (監督(かんとく))

➜ ＿＿＿＿＿＿＿＿＿＿＿＿＿＿＿＿＿＿＿＿。

❹ 患者(かんじゃ)は明日(あした)来(く)る (医者(いしゃ))

➜ ＿＿＿＿＿＿＿＿＿＿＿＿＿＿＿＿＿＿＿＿。

❺ 部下(ぶか)は残業(ざんぎょう)する (上司(じょうし))

➜ ＿＿＿＿＿＿＿＿＿＿＿＿＿＿＿＿＿＿＿＿。

3 보기와 같이 문장을 완성하시오.

보기

夫は料理を作る (妻)

➜ 妻は夫に料理を作らせます。

❶ 娘は野菜を食べる (母)

➜ ______________________________。

❷ 私はピアノを習う (母)

➜ ______________________________。

❸ 男の人はハンドバッグを持つ (女の人)

➜ ______________________________。

❹ 私は車を洗う (兄)

➜ ______________________________。

❺ 後輩は酒を飲む (先輩)

➜ ______________________________。

4 보기와 같이 문장을 완성하시오.

보기

熱(ねつ)がある / 休(やす)む

→ 熱(ねつ)があるんですが、休(やす)ませていただけませんか。

❶ 気分(きぶん)が悪(わる)い / ここで休(やす)む

→ ______________________________。

❷ お腹(なか)の調子(ちょうし)が悪(わる)い / 早(はや)く帰(かえ)る

→ ______________________________。

❸ 国(くに)から両親(りょうしん)が来(く)る / 早退(そうたい)する

→ ______________________________。

5 다음을 일본어로 작문하시오.

❶ 선생님은 학생에게 매일 한자를 외우게 합니다.

→ ______________________________。

❷ 먼저 돌아가겠습니다.

→ ______________________________。

Chapter

23 母(はは)に叱(しか)られました

엄마에게 혼났습니다.

1-24

佐藤(さとう)さんの一日(いちにち)

今日(きょう)は最悪(さいあく)の一日(いちにち)でした。

昨日(きのう)友(とも)だちに来(こ)られました。

夜中(よなか)の2時(じ)まで彼女(かのじょ)にふられた話(はなし)をさんざん聞(き)かせられました。

朝(あさ)、目(め)が覚(さ)めたら、もう9時(くじ)でした。それで急(いそ)ぎましたが、授業(じゅぎょう)に遅(おく)れてしまいました。

遅刻(ちこく)して先生(せんせい)に注意(ちゅうい)されたし、先輩(せんぱい)にもいろいろと文句(もんく)を言(い)われたし、本当(ほんとう)に腹(はら)が立(た)ちました。

そのせいで、彼女(かのじょ)との約束(やくそく)をすっかり忘(わす)れて、彼女(かのじょ)に怒(おこ)られました。

最悪(さいあく) 최악

夜中(よなか) 한밤중

さんざん 몹시, 실컷

目(め)が覚(さ)める 잠을 깨다

遅刻(ちこく) 지각

注意(ちゅうい) 주의

文句(もんく) 불평, 불만

腹(はら)が立(た)つ 화가 나다

すっかり 완전히

それで彼女の買い物に5時間も付き合わせられました。

それに、帰りに雨に降られてびしょぬれになりました。

そして、家に帰ったら帰りが遅いと母に叱られました。

今日は本当についてない一日でした。

付き合う (행동을) 같이하다　びしょぬれ 흠뻑 젖음　叱る 혼내다

ついてない 재수없다

문형 살피기

1 수동형

동사	수동형 만드는 법	
1그룹동사	言(い)う	言(い)われる
	行(い)く	行(い)かれる
	急(いそ)ぐ	急(いそ)がれる
	話(はな)す	話(はな)される
	待(ま)つ	待(ま)たれる
	死(し)ぬ	死(し)なれる
	呼(よ)ぶ	呼(よ)ばれる
	飲(の)む	飲(の)まれる
	取(と)る	取(と)られる
2그룹동사	見(み)る	見(み)られる
	食(た)べる	食(た)べられる
	ほめる	ほめられる
3그룹동사	来(く)る	来(こ)られる
	する	される
	勉強(べんきょう)する	勉強(べんきょう)される

2 ～は …に ─（ら）れます。　～는 …에게 ─됩니다[당합니다, 받습니다].

鈴木(すずき)さん	は	友(とも)だち	に	笑(わら)われました。
弟(おとうと)		父(ちち)		叱(しか)られました。
私(わたし)		先生(せんせい)		ほめられました。
私(わたし)		友(とも)だち		招待(しょうたい)されました。

3 ～に …（ら）れて大変(たいへん)でした。　～에게 …당해서 힘들었습니다.

雨(あめ)	に	降(ふ)られて	大変(たいへん)でした。
父(ちち)		死(し)なれて	
赤(あか)ちゃん		泣(な)かれて	
友(とも)だち		来(こ)られて	

4 ～は …に ‥を ─（ら）れます。　～는 …에게 ‥을 ─당합니다.

妹(いもうと)	は	すり	に	お金(かね)	を	取(と)られました。
私(わたし)		女(おんな)の人(ひと)		足(あし)		踏(ふ)まれました。
私(わたし)		隣(となり)の人(ひと)		テストの答(こた)え		見(み)られました。
父(ちち)		子(こ)ども		めがね		壊(こわ)されました。
兄(あに)		母(はは)		漫画(まんが)		捨(す)てられました。

5 ～のに、…(さ)せられました。 ～인데, (어쩔 수 없이) …했습니다.

歌(うた)を歌(うた)いたくなかった 食(た)べたくなかった 忙(いそが)しい	のに、	歌(うた)わせられました。 嫌(きら)いな野菜(やさい)を食(た)べさせられました。 母(はは)に兄(あに)の部屋(へや)まで掃除(そうじ)させられました。

연습하기

1 다음 표를 수동형으로 완성하시오.

기본형	그룹	수동형
보기 歌(うた)う	1	歌(うた)われる
❶ 書(か)く		
❷ 踏(ふ)む		
❸ 笑(わら)う		
❹ 招待(しょうたい)する		
❺ 叱(しか)る		
❻ 見(み)る		
❼ 取(と)る		
❽ 捨(す)てる		
❾ 泣(な)く		
❿ ほめる		
⓫ 壊(こわ)す		
⓬ 待(ま)つ		
⓭ 来(く)る		
⓮ 呼(よ)ぶ		
⓯ する		
⓰ 建(た)てる		

2 보기와 같이 문장을 완성하시오.

보기

先生(せんせい)は私(わたし)をほめる

➡ 私(わたし)は先生(せんせい)にほめられました。

❶ 父(ちち)は弟(おとうと)を叱(しか)る

➡ ______________________________。

❷ 兄(あに)は弟(おとうと)を殴(なぐ)る

➡ ______________________________。

❸ キムさんは私(わたし)をいじめる

➡ ______________________________。

❹ 母(はは)は私(わたし)の日記(にっき)を読(よ)む

➡ ______________________________。

❺ 泥棒(どろぼう)は私(わたし)の財布(さいふ)を盗(ぬす)む

➡ ______________________________。

❻ 妹(いもうと)が私(わたし)のケーキを食(た)べる

➡ ______________________________。

3 보기와 같이 문장을 완성하시오.

보기

赤ちゃんに泣かれて寝られませんでした。

❶ ______________勉強ができませんでした。

❷ ______________風邪を引きました。

❸ ______________苦労しました。

❹ ______________出かけられませんでした。

❺ ______________何もできませんでした。

父に死なれて　雨に降られて　赤ちゃんに泣かれて　友だちに来られて

4 보기와 같이 문장을 완성하시오.

보기

歌(うた)う

→ 歌(うた)いたくなかったのに、歌(うた)わせられました。

❶ 無理(むり)やり聞(き)く

→ あまり聞(き)きたくなかったのに、＿＿＿＿＿＿＿＿＿＿＿＿＿＿＿＿。

❷ 日本語(にほんご)で書(か)く

→ レポートを書(か)きたくなかったのに、＿＿＿＿＿＿＿＿＿＿＿＿＿＿＿＿。

❸ コーヒーを入(い)れる

→ 面倒(めんどう)くさかったのに、＿＿＿＿＿＿＿＿＿＿＿＿＿＿＿＿。

❹ お酒(さけ)を飲(の)む

→ 飲(の)みたくなかったのに、＿＿＿＿＿＿＿＿＿＿＿＿＿＿＿＿。

❺ 買(か)う

→ 買(か)いたくなかったのに、＿＿＿＿＿＿＿＿＿＿＿＿＿＿＿＿。

5 다음을 일본어로 작문하시오.

❶ 나는 선배에게 데이트 신청을 받았습니다. (デートに誘(さそ)う)

→ ＿＿＿＿＿＿＿＿＿＿＿＿＿＿＿＿＿＿＿＿＿＿＿＿。

❷ 월드컵은 4 년에 한 번 열립니다. (ワールドカップ、開(ひら)く)

→ ＿＿＿＿＿＿＿＿＿＿＿＿＿＿＿＿＿＿＿＿＿＿＿＿。

❸ 가고 싶지 않은데 심부름을 갔습니다.

→ ＿＿＿＿＿＿＿＿＿＿＿＿＿＿＿＿＿＿＿＿＿＿＿＿。

Chapter

24 アメリカにハリケーンが上陸(じょうりく)するそうですよ。

1-25

미국에 허리케인이 상륙한대요.

寮(りょう)のロビーで

高橋(たかはし)　ニュースによると、アメリカにハリケーンが上陸(じょうりく)するそうですよ。

キム　ええっ、それで強(つよ)さはどのくらいなんですか。

高橋(たかはし)　「レベル4」だそうです。

キム　それは強(つよ)いっていう意味(いみ)ですか。

高橋(たかはし)　ええ、「レベル5」が一番強(いちばんつよ)いそうですから、日本(にほん)の台風(たいふう)より強(つよ)いと思(おも)いますよ。

キム　もしそんなのがここに来(き)たら、大変(たいへん)ですね。それに、被害(ひがい)もたくさん出(で)そうですね。

- ニュース 뉴스
- ～によると ～에 의하면[따르면]
- アメリカ 미국
- ハリケーン 허리케인
- 上陸(じょうりく) 상륙
- そうです ～라고 합니다(전문) ～할 것 같습니다(양태)
- それで 그래서
- 強(つよ)さ 세기
- どのくらい 어느 정도
- レベル 레벨
- 強(つよ)い 강하다, 세다
- ～っていう ～라고 하는
- 意味(いみ) 의미
- 台風(たいふう) 태풍
- もし 만약에
- それに 게다가
- 被害(ひがい) 피해

高橋　ええ、とにかく最近は異常気象が世界的な問題になっていますね。

キム　本当ですね。日本でも今年の冬は雪がよく降るそうですよ。

高橋　そうですか。じゃ、去年の冬より寒くなりそうですね。

キム　ええ、早めに冬じたくをする必要がありますね。

高橋　「備えあれば、憂いなし」ですね。

とにかく 하여튼	最近 최근	異常 이상	気象 기상
世界的 세계적	問題 문제	今年 올해, 금년	冬 겨울
雪 눈	よく 자주	降る 내리다	去年 작년
早めに 일찌감치	冬じたく 월동준비	必要 필요	

備えあれば、憂いなし 유비무환

문형 살피기

1 ~によると、…そうです。 ~에 의하면, …라고 합니다.

ニュースによると、

- 明日(あした)、晴(は)れる
- ソウルで事故(じこ)があった
- 今年(ことし)の冬(ふゆ)は寒(さむ)い
- 今日(きょう)は風(かぜ)が強(つよ)くない
- 沖縄(おきなわ)の海(うみ)はきれいだ
- 昔(むかし)の生活(せいかつ)は大変(たいへん)だった
- 明日(あした)は台風(たいふう)だ

そうです。

2 ~そうです。 ~할 것 같습니다.

- 今(いま)にも雨(あめ)が降(ふ)り
- ボタンが取(と)れ
- ポケットから財布(さいふ)が落(お)ち

そうです。

3 ~は …そうです。 ~은 …할 것 같습니다.

- そのケーキ / 部長(ぶちょう)

は

- おいし / 忙(いそが)し

そうです。

- 天気(てんき) / お金(かね)

が

- よさ / なさ

そうです。

4 ～は …そうです。 ～은 …할 것 같습니다.

おじいさん 店員(てんいん) このいす	は	元気(げんき) 暇(ひま) 丈夫(じょうぶ)	そうです。

연습하기

1 보기와 같이 문장을 완성하시오.

보기

(天気予報) 雨が降ります。

➜ 天気予報によると、雨が降るそうです。

❶ (ニュース) 火事でビルが焼けました。

➜ ＿＿＿＿＿＿＿＿＿＿＿＿。

❷ (友だちの話) 東京は物価がとても高いです。

➜ ＿＿＿＿＿＿＿＿＿＿＿＿。

❸ (友だちの手紙) 先週のパーティーは楽しかったです。

➜ ＿＿＿＿＿＿＿＿＿＿＿＿。

❹ (新聞) 札幌の雪祭りはきれいです。

➜ ＿＿＿＿＿＿＿＿＿＿＿＿。

❺ (母) この洗濯機は便利ではありません。

➜ ＿＿＿＿＿＿＿＿＿＿＿＿。

❻ (佐藤さん) マリーさんの趣味は料理です。

➜ ＿＿＿＿＿＿＿＿＿＿＿＿。

2 보기와 같이 문장을 완성하시오.

보기

お腹(なか)がすいて死(し)ぬ。 ➜ お腹(なか)がすいて死(し)にそうです。

❶ 疲(つか)れて倒(たお)れる。

➜ ______________________________。

❷ 風(かぜ)でろうそくが消(き)える。

➜ ______________________________。

❸ お母(かあ)さんが見(み)えなくて今(いま)にも赤(あか)ちゃんが泣(な)く。

➜ ______________________________。

❹ 人(ひと)がたくさん集(あつ)まっていて楽(たの)しい。

➜ ______________________________。

❺ 仕事(しごと)が忙(いそが)しくてデートする時間(じかん)もない。

➜ ______________________________。

❻ 赤(あか)ちゃんが生(う)まれて幸(しあわ)せだ。

➜ ______________________________。

3 보기와 같이 문장을 완성하시오.

보기

降る

A：今日はとても寒いですね。今にも雪が降りそうですね。

B：ええ、天気予報によると、雪が降るそうです。

❶ ある

A：あの人はずいぶん大きい家に住んでいますね。お金がたくさん________。

B：ええ、キムさんの話によるとお金がたくさん________。

❷ 結婚する

A：あの二人はいつもラブラブですね。もうすぐ________。

B：ええ、うわさによると来月________。

❸ こわい

A：この映画は ________。

B：ええ、映画雑誌によると ________。

❹ いい

A：この教科書は練習問題が多くて________。

B：ええ、先生の話によるととても________。

❺ 新鮮だ

A：この店の魚は________。

B：ええ、隣の奥さんによると________。

4 다음 문장을 일본어로 완성하시오.

❶ 신문에 의하면 올해는 독감이 유행한다고 합니다. (インフルエンザ, はやる)

➜ ________。

❷ 이 김치는 매울 것 같습니다.(辛い)

➜ ________。

Chapter

25 熱(ねつ)があるようなので早退(そうたい)したいんですが。

I-26

열이 있는 것 같아 조퇴를 하고 싶은데요.

学校(がっこう)で

木村先生(きむらせんせい)　おや、キムさん。具合(ぐあい)が悪(わる)そうですね。どうしたんですか。

キム　先生(せんせい)、どうも熱(ねつ)があるようなので早退(そうたい)したいんですが、……。

木村先生(きむらせんせい)　そうですか。風邪(かぜ)かも知(し)れませんね。じゃ、気(き)をつけて帰(かえ)ってください。

キム　すみません。お先(さき)に失礼(しつれい)します。

- おや 이런, 어머나
- どうしたんですか 무슨 일입니까?
- ～ようだ ～인 것 같다
- ～かも知(し)れません ～일지도 모릅니다
- 休憩(きゅうけい) 휴식
- 具合(ぐあい) 상태, 컨디션
- どうも 아무래도
- 早退(そうたい) 조퇴
- 気(き)をつける 조심하다
- 姿(すがた) 모습
- 悪(わる)い 나쁘다
- 熱(ねつ) 열
- 風邪(かぜ) 감기
- お先(さき)に 먼저

休憩時間(きゅうけいじかん)で

高橋(たかはし)　あれ？キムさんの姿(すがた)が見(み)えないわね。

佐藤(さとう)　うん。キムさん、風邪(かぜ)を引(ひ)いたらしく、早退(そうたい)したんだ。

高橋(たかはし)　へえ、そうなの。心配(しんぱい)ね。お見舞(みま)いに行(い)かない？

佐藤(さとう)　そうだね。そうしよう。

キムさんの部屋(へや)で

佐藤(さとう)　キムさん、具合(ぐあい)はどう？

キム　うん、さっき薬(くすり)を飲(の)んだよ。

高橋(たかはし)　キムさん、大丈夫(だいじょうぶ)？

これ、温(あたた)かいおかゆと、今日(きょう)の授業(じゅぎょう)のノート。

それから、これはキムさんのために編(あ)んだセーター。

キム　ありがとう。高橋(たかはし)さんは、まるで天使(てんし)のようだなあ。

心配(しんぱい) 걱정	お見舞(みま)い 병문안	さっき 먼저
薬(くすり)を飲(の)む 약을 먹다	大丈夫(だいじょうぶ)だ 괜찮다	温(あたた)かい 따뜻하다
おかゆ 죽	ノート 노트	それから 그리고
ために ~을 위하여		

문형살피기

1 ～ようです。　～인 것 같습니다.

部屋(へや)に誰(だれ)かいる	ようです。
交通事故(こうつうじこ)があった	
外(そと)は寒(さむ)い	
成績(せいせき)は悪(わる)くなかった	
キムさんは魚(さかな)がきらいな	
あそこの喫茶店(きっさてん)は静(しず)かじゃない	
木村先生(きむらせんせい)は留守(るす)の	

2 ～は まるで …ようです。　～은 마치 …인 것 같습니다.

マリーさん	は　まるで	人形(にんぎょう)の	ようです。
赤(あか)ちゃんの手(て)		もみじの	
飛行機(ひこうき)から見(み)た車(くるま)		おもちゃの	

3 ～は …らしいです。　～은 …인 것 같습니다.

高橋(たかはし)さん	は	会社(かいしゃ)をやめる	らしいです。
ここ		雨(あめ)が降(ふ)った	
キムさん		体(からだ)の調子(ちょうし)が悪(わる)い	
東京(とうきょう)		交通(こうつう)が便利(べんり)	
あの店(みせ)		明日(あした)休(やす)み	

연습하기

1 보기와 같이 문장을 완성하시오.

보기
降ります → 降るようです。

① 飲みません → ______________________。
② 来ませんでした → ______________________。
③ 間に合います → ______________________。
④ 寝ています → ______________________。
⑤ 難しくないです → ______________________。
⑥ いいです → ______________________。
⑦ 暇です → ______________________。
⑧ 不便ではありません → ______________________。
⑨ ナイロンです → ______________________。
⑩ 故障でした → ______________________。

2 보기와 같이 문장을 완성하시오.

보기
カーテンが閉まっています。(誰もいません)
→ 誰もいないようです。

① 人が集まっています。(事故です)

→ ______________________。

② せきが出ます。(風邪を引きました)

→ ______________________。

❸ あの二人(ふたり)はよく似(に)ています。(兄弟(きょうだい)です)

→ ____。

❹ 頭(あたま)が痛(いた)いです。(熱(ねつ)があります)

→ ____。

❺ あの映画(えいが)は人気(にんき)があります。(おもしろいです)

→ ____。

❻ 窓(まど)ガラスが割(わ)れています。(泥棒(どろぼう)が入(はい)りました)

→ ____。

❼ あまり野菜(やさい)を食(た)べません。(野菜(やさい)が嫌(きら)いです)

→ ____。

3 보기와 같이 문장을 완성하시오.

보기

マリーさんはとてもきれいで、まるで人形(にんぎょう)のようです。

❶ 歌(うた)が上手(じょうず)で、まるで________________ようです。

❷ 手(て)が冷(つめ)たくて、まるで________________ようです。

❸ 泳(およ)ぐのがとても上手(じょうず)で、まるで________________ようです。

❹ 日本語(にほんご)がとても上手(じょうず)で、まるで________________ようです。

❺ 宝(たから)くじに当(あ)たって、まるで________________ようです。

河童(かっぱ)	歌手(かしゅ)	夢(ゆめ)	氷(こおり)	日本人(にほんじん)	人形(にんぎょう)

4 보기와 같이 문장을 완성하시오.

보기

山田さんは指輪をしています。(結婚しています)

→ 山田さんは結婚しているらしいです。

❶ 風が強くて波が高いです。(台風が来ます)

→ ＿＿＿＿＿＿＿＿＿＿。

❷ 病院は人でいっぱいです。(風邪がはやっています)

→ ＿＿＿＿＿＿＿＿＿＿。

❸ キムさんはいつもあの店で昼ご飯を食べます。(安くておいしいです)

→ ＿＿＿＿＿＿＿＿＿＿。

❹ 田中さんは今度、のど自慢大会に出ます。(歌が上手です)

→ ＿＿＿＿＿＿＿＿＿＿。

❺ キムさんは入院しました。(病気です)

→ ＿＿＿＿＿＿＿＿＿＿。

5 다음을 일본어로 완성하시오.

❶ 마치 천사 같습니다.

→ ＿＿＿＿＿＿＿＿＿＿。

❷ 감기에 걸린 것 같습니다.

→ ＿＿＿＿＿＿＿＿＿＿。

Chapter

26 木村(きむら)先生(せんせい)はいらっしゃいますか。

I-27

기무라 선생님은 계십니까?

キム	もしもし、木村(きむら)先生(せんせい)のお宅(たく)ですか。
木村(きむら)先生(せんせい)の奥(おく)さん	はい、木村(きむら)でございます。
キム	私(わたし)はアラ大学(だいがく)のキムと申(もう)しますが、木村(きむら)先生(せんせい)はいらっしゃいますか。
木村(きむら)先生(せんせい)の奥(おく)さん	あ、主人(しゅじん)は出(で)かけておりますが……。
キム	何時(なんじ)ごろお帰(かえ)りになりますか。
木村(きむら)先生(せんせい)の奥(おく)さん	7時(しちじ)ごろ帰(かえ)ってくる予定(よてい)ですが……。
キム	そうですか。あのう、忘年会(ぼうねんかい)のことなんですが、伝言(でんごん)お願(ねが)いできますか。
木村(きむら)先生(せんせい)の奥(おく)さん	はい、どうぞ。

もしもし 여보세요
お宅(たく) 댁
奥(おく)さん (남의) 부인
～でございます ~입니다
～と申(もう)す ~라고 한다
いらっしゃる 계시다
主人(しゅじん) (자기) 남편
出(で)かける 외출하다
おる いる의 겸양어
～ごろ ~쯤
お～になる ~하시다
～てくる ~하고 오다
予定(よてい) 예정
忘年会(ぼうねんかい) 망년회
～こと ~건
伝言(でんごん) 전언

キム　忘年会(ぼうねんかい)は6時(ろくじ)から始(はじ)まるとお伝(つた)えください。

木村先生(きむらせんせい)の奥(おく)さん　6時(ろくじ)ですね。うちの主人(しゅじん)、場所(ばしょ)は知(し)っていますか。

キム　はい、たぶんご存(ぞん)じだと思(おも)います。

木村先生(きむらせんせい)の奥(おく)さん　じゃ、時間(じかん)だけ伝(つた)えればいいんですね。

キム　はい、それではよろしくお願(ねが)いします。失礼(しつれい)します。

（ドアが開(あ)く）

木村先生(きむらせんせい)の奥(おく)さん　あっ、少々(しょうしょう)お待(ま)ちください。主人(しゅじん)が今帰(いまかえ)ってきました。

キム　あ、そうですか。じゃ、先生(せんせい)に代(か)わっていただけますか。

木村先生(きむらせんせい)　はい、お電話代(でんわか)わりました。木村(きむら)です。

キム　木村先生(きむらせんせい)、キムです。

木村先生(きむらせんせい)　あ～、キムさん！

始(はじ)まる 시작되다　伝(つた)える 전하다　場所(ばしょ) 장소　知(し)る 알다
たぶん 아마　ご存(ぞん)じだ 아시다　～だけ ～만　少々(しょうしょう) 잠시, 잠깐
お～ください ～해 주십시오　代(か)わる 바꾸다

문형 살피기

1 존경어

❶ お＋ます형＋になります。　~하십니다.
お（ご）＋한자어＋になります。

先生(せんせい)は	もう	お帰(かえ)りになります。
	手紙(てがみ)を	お書(か)きになります。
	もうすぐ	ご出発(しゅっぱつ)になります。

❷ ~(ら)れます。　~하십니다.

先生(せんせい)は	もう	帰(かえ)られます。
	手紙(てがみ)を	書(か)かれます。
	もうすぐ	出発(しゅっぱつ)されます。

❸ お＋ます형＋ください。　~해 주십시오.
お（ご）＋한자어＋ください。

少々(しょうしょう)	お待(ま)ちください。
どうぞ	お入(はい)りください。
こちらに	ご連絡(れんらく)ください。

2 겸양어

❶ お+ます형+します。　(제가) ~하겠습니다.
お（ご）+한자어+します。

私(わたし)が	家(いえ)まで	お送(おく)りします。
	かばんを	お持(も)ちします
	後(のち)ほど	お電話(でんわ)します。
	ただ今(いま)から	ご説明(せつめい)します。

3 존경동사 · 겸양동사

존경어		겸양어
いらっしゃる	いる	おる
	行(い)く	参(まい)る
いらっしゃる おいでになる お見(み)えになる 見(み)える お越(お)しになる	来(く)る	参(まい)る 伺(うかが)う
おっしゃる	言(い)う	申(もう)す
X	聞(き)く	伺(うかが)う
召(め)し上(あ)がる	食(た)べる / 飲(の)む	いただく
くださる	くれる	X
X	やる / あげる	さしあげる
X	もらう	いただく
ご覧(らん)になる	見(み)る	拝見(はいけん)する
ご存(ぞん)じだ	知(し)る / 思(おも)う	存(ぞん)じる
X	会(あ)う	お目(め)にかかる
なさる	する	いたす

연습하기

1 보기와 같이 문장을 완성하시오.

	~ます형	お+~ます형 +になる	お+~ます형 +ください	~(ら)れる	お+~ます형 +する
보기 会う	会います	お会いになる	お会いください	会われる	お会いする
❶ 書く					
❷ 話す					
❸ 読む					
❹ 持つ					
❺ 待つ					
❻ 作る					
❼ 取る					
❽ 呼ぶ					
❾ 使う					
❿ かける					
⓫ 答える					

2 보기와 같이 문장을 완성하시오.

보기

この本を読みましたか。(はい)

A : <u>この本をお読みになりましたか</u>。

B : <u>はい、読みました</u>。

❶ もう少し待ちますか。(はい)

A: ____________________。

B: ____________________。

❷ 高橋さんに会いましたか。(いいえ)

A: ____________________。

B: ____________________。

❸ たばこを吸いますか。(はい)

A: ____________________。

B: ____________________。

❹ 日本語で歌いますか。(はい)

A: ____________________。

B: ____________________。

❺ 午後5時に帰りますか。(いいえ)

A: ____________________。

B: ____________________。

3 보기와 같이 문장을 완성하시오.

보기

● 先生(せんせい)が教室(きょうしつ)にいます。 → 先生(せんせい)が教室(きょうしつ)にいらっしゃいます。

❶ 先生(せんせい)がお茶(ちゃ)を飲(の)みます。 → 先生(せんせい)がお茶(ちゃ)を＿＿＿＿＿＿＿＿＿＿。

❷ お客(きゃく)さんが雑誌(ざっし)を見(み)ます。 → お客(きゃく)さんが雑誌(ざっし)を＿＿＿＿＿＿＿＿＿＿。

❸ 社長(しゃちょう)の奥様(おくさま)も出席(しゅっせき)します。 → 社長(しゃちょう)の奥様(おくさま)も＿＿＿＿＿＿＿＿＿＿。

❹ 隣(となり)のおばあさんが本(ほん)をくれました。

→ 隣(となり)のおばあさんが本(ほん)を＿＿＿＿＿＿＿＿＿＿。

❺ キムさんの電話番号(でんわばんごう)を知(し)っていますか。

→ キムさんの電話番号(でんわばんごう)を＿＿＿＿＿＿＿＿＿＿。

4 보기와 같이 문장을 완성하시오.

보기

お茶(ちゃ)を入(い)れる

A : お茶(ちゃ)をお入(い)れしましょうか。

B : はい、お願(ねが)いします。

❶ 手伝(てつだ)う

A: ＿＿＿＿＿＿＿＿＿＿。 B : はい、お願(ねが)いします。

❷ 傘(かさ)を貸(か)す

A: ＿＿＿＿＿＿＿＿＿＿。 B : はい、お願(ねが)いします。

❸ 荷物(にもつ)を持(も)つ

A: ＿＿＿＿＿＿＿＿＿＿。 B : はい、お願(ねが)いします。

❹ ここで待(ま)つ

A: ＿＿＿＿＿＿＿＿＿＿。 B : はい、お願(ねが)いします。

❺ 案内(あんない)する

A: ＿＿＿＿＿＿＿＿＿＿。 B : はい、お願(ねが)いします。

5 보기와 같이 문장을 완성하시오.

보기

● 私は明日来ます。 ➜ 私は明日参ります。

❶ 私は会社に勤めています。 ➜ 私は会社に＿＿＿＿＿＿＿＿＿＿＿＿。

❷ 私は山田先生に会います。 ➜ 私は山田先生に＿＿＿＿＿＿＿＿＿＿＿＿。

❸ お客さま、きっぷを見ます。 ➜ お客さま、きっぷを＿＿＿＿＿＿＿＿＿＿。

❹ 私はキム・ミンスと言います。

➜ 私はキム・ミンスと＿＿＿＿＿＿＿＿＿＿＿＿＿＿。

❺ 私がキムさんの代わりにします。

➜ 私がキムさんの代わりに＿＿＿＿＿＿＿＿＿＿＿＿＿＿。

6 보기와 같이 문장을 완성하시오.

보기

A：どちらからいらっしゃいましたか。（韓国）

B：韓国から参りました。

❶ A：あの方をご存じですか。

B：はい、＿＿＿＿＿＿＿＿＿＿＿＿＿＿＿＿＿＿＿＿＿＿＿＿。

❷ A：お名前は何とおっしゃいますか。（自分の名前）

B：はい、＿＿＿＿＿＿＿＿＿＿＿＿＿＿＿＿＿＿＿＿＿＿＿＿。

❸ A：先生からのお手紙はもうご覧になりましたか。

B：はい、＿＿＿＿＿＿＿＿＿＿＿＿＿＿＿＿＿＿＿＿＿＿＿＿。

❹ A：お父さんはいらっしゃいますか。（電話で）

B：はい、＿＿＿＿＿＿＿＿＿＿＿＿＿＿＿＿＿＿＿＿＿＿＿＿。

❺ A: 木村先生のお宅で何を召し上がりましたか。(しゃぶしゃぶ)

B: はい、＿＿＿＿＿＿＿＿＿＿＿＿＿＿＿＿＿＿＿＿。

7 보기와 같이 문장을 완성하시오.

보기

● 入る

A: どうぞお入りください。

B: はい、失礼します。

❶

● 上がる

A: どうぞ＿＿＿＿＿＿＿＿＿＿＿＿＿＿＿＿。

B: はい、おじゃまします。

❷

● たべる

A: どうぞ＿＿＿＿＿＿＿＿＿＿＿＿＿＿＿＿。

B: はい、いただきます。

❸

● かける

A: どうぞ＿＿＿＿＿＿＿＿＿＿＿＿＿＿＿＿。

B: どうも。

부록

1_ ひらがな／かたかな 연습

2_ 일본의 지명地名과 경축일祝日

3_ 신체体

4_ 음식食べ物

5_ 과일果物과 야채野菜

6_ 음료飲み物

7_ 12지十二支

8_ 때를 나타내는 말

9_ 동사활용표

10_ い형용사 · な형용사 · 명사 활용표

ひらがな／かたかな 연습

● ひらがな 쓰기

あ	あ						
い	い						
う	う						
え	え						
お	お						
か	か						
き	き						
く	く						
け	け						
こ	こ						
さ	さ						
し	し						
す	す						
せ	せ						

そ	そ						
た	た						
ち	ち						
つ	つ						
て	て						
と	と						
な	な						
に	に						
ぬ	ぬ						
ね	ね						
の	の						
は	は						
ひ	ひ						
ふ	ふ						
へ	へ						
ほ	ほ						

ま	ま					
み	み					
む	む					
め	め					
も	も					
や	や					
ゆ	ゆ					
よ	よ					
ら	ら					
り	り					
る	る					
れ	れ					
ろ	ろ					
わ	わ					
を	を					
ん	ん					

● かたかな 쓰기

ア	ア						
イ	イ						
ウ	ウ						
エ	エ						
オ	オ						
カ	カ						
キ	キ						
ク	ク						
ケ	ケ						
コ	コ						
サ	サ						
シ	シ						
ス	ス						
セ	セ						
ソ	ソ						

タ	タ						
チ	チ						
ツ	ツ						
テ	テ						
ト	ト						
ナ	ナ						
ニ	ニ						
ヌ	ヌ						
ネ	ネ						
ノ	ノ						
ハ	ハ						
ヒ	ヒ						
フ	フ						
ヘ	ヘ						
ホ	ホ						

マ	マ					
ミ	ミ					
ム	ム					
メ	メ					
モ	モ					
ヤ	ヤ					
ユ	ユ					
ヨ	ヨ					
ラ	ラ					
リ	リ					
ル	ル					
レ	レ					
ロ	ロ					
ワ	ワ					
ヲ	ヲ					
ン	ン					

2 일본의 지명地名(ちめい)과 경축일祝日(しゅくじつ)

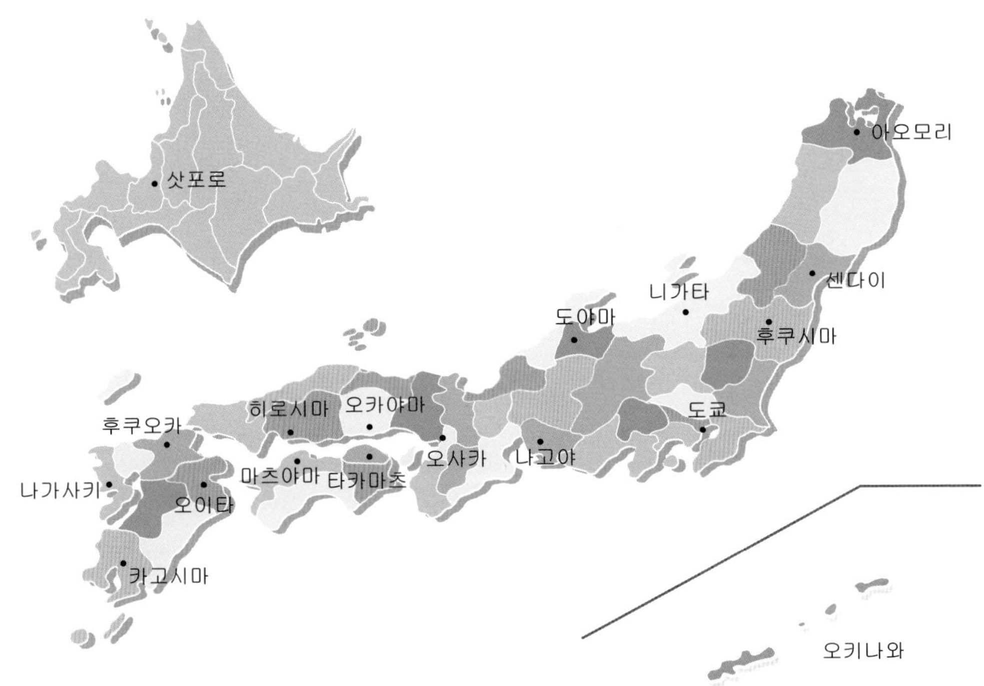

● 일본의 경축일

❶ 1月1日	설날	お正月(しょうがつ)、元日(がんじつ)
❷ 1月第2月曜日	성인의 날	成人(せいじん)の日(ひ)
❸ 2月11日	건국기념일	建国記念(けんこくきねん)の日(ひ)
❹ 3月21日	춘분	春分(しゅんぶん)の日(ひ)
❺ 4月29日	쇼와의 날	昭和(しょうわ)の日(ひ)
❻ 5月3日	헌법기념일	憲法記念日(けんぽうきねんび)
❼ 5月4日	녹색의 날	みどりの日(ひ)
❽ 5月5日	어린이 날	子供(こども)の日(ひ)
❾ 7月第3月曜日	바다의 날	海(うみ)の日(ひ)
❿ 9月第3月曜日	경로의 날	敬老(けいろう)の日(ひ)
⓫ 9月23日	추분	秋分(しゅうぶん)の日(ひ)
⓬ 10月第2月曜日	체육의 날	体育(たいいく)の日(ひ)
⓭ 11月3日	문화의 날	文化(ぶんか)の日(ひ)
⓮ 11月23日	근로감사의 날	勤労感謝(きんろうかんしゃ)の日(ひ)
⓯ 12月23日	천황탄생일	天皇誕生日(てんのうたんじょうび)

3 신체 体(からだ)

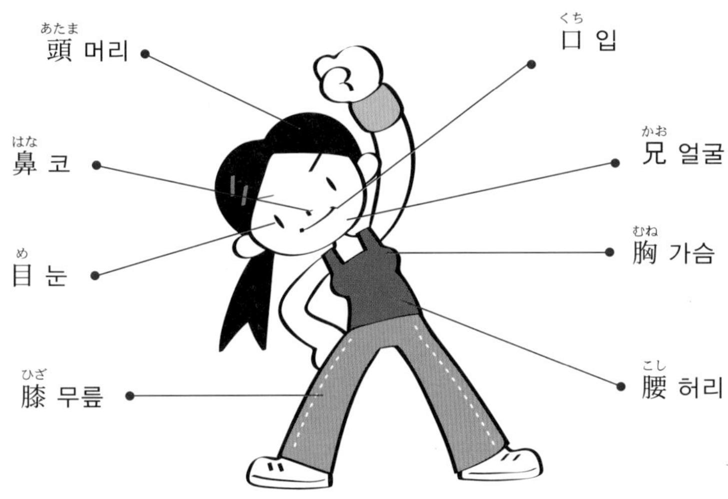

頭(あたま) 머리
鼻(はな) 코
目(め) 눈
膝(ひざ) 무릎
口(くち) 입
兄(かお) 얼굴
胸(むね) 가슴
腰(こし) 허리

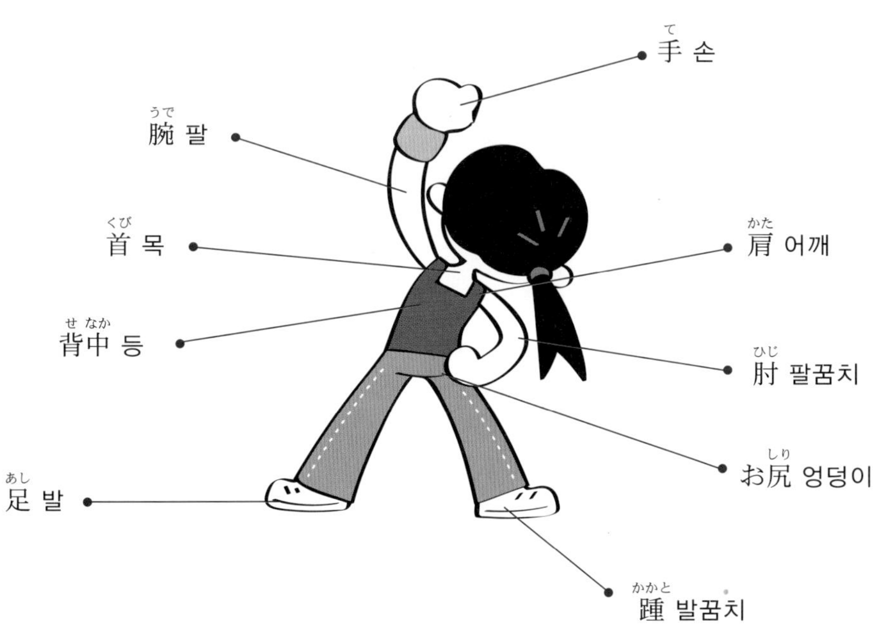

手(て) 손
腕(うで) 팔
首(くび) 목
背中(せなか) 등
足(あし) 발
肩(かた) 어깨
肘(ひじ) 팔꿈치
お尻(しり) 엉덩이
踵(かかと) 발꿈치

4 음식 食(た)べ物(もの)

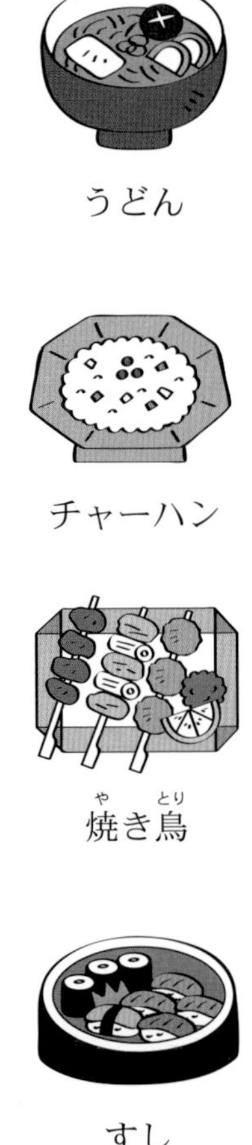

うどん　そば　ラーメン

チャーハン　てんぷら　すきやき

焼(や)き鳥(とり)　刺身(さしみ)　おせち料理(りょうり)

すし　おでん　おにぎり

味噌汁(みそしる)　お茶漬(ちゃづ)け　丼(どんぶり)

カレーライス　トンカツ　スパゲッティ

5 과일果物(くだもの)과 야채野菜(やさい)

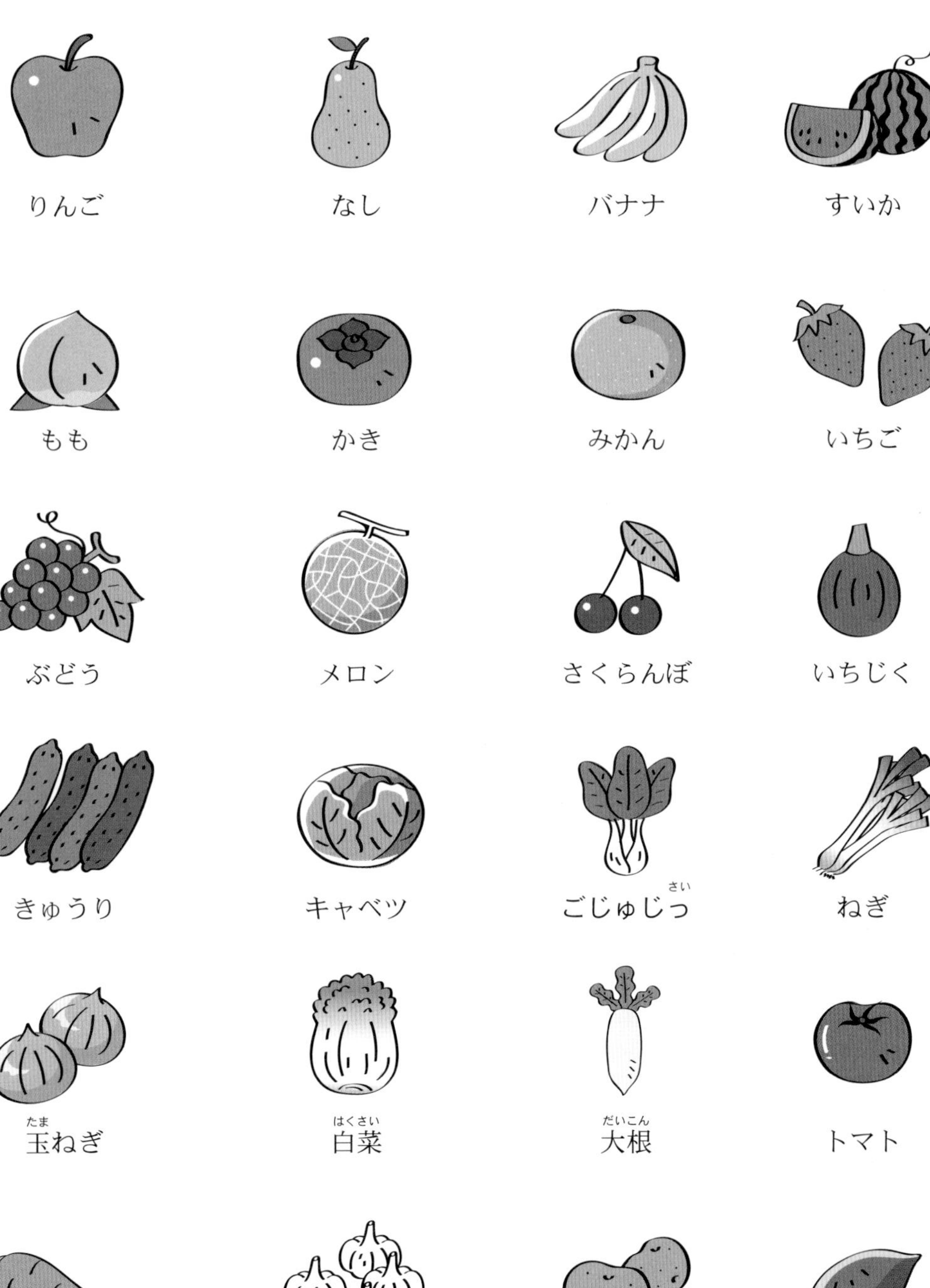

コーヒー

紅茶(こうちゃ)

ジュース

サイダー

コーラ

ミルク

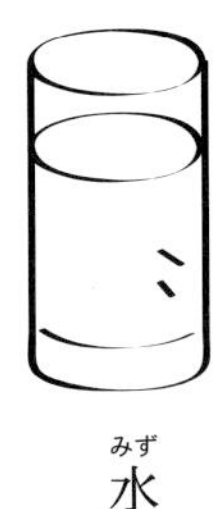

水(みず)

お茶(ちゃ)

麦茶(むぎちゃ)

ビール

酒(さけ)

ワイン

7 12지 十二支(じゅうにし)

ねずみ

うし

とら

うさぎ

たつ

へび

うま

ひつじ

さる

とり

いぬ

いのしし

8 동사활용표

	기본형	ます형	て형 접속형	た형 과거형	たら형 가정형	ば형 조건형	(ら) れる 형
1그룹동사	買(か)う	買(か)います	買(か)って	買(か)った	買(か)ったら	買(か)えば	買(か)われる
	待(ま)つ	待(ま)ちます	待(ま)って	待(ま)った	待(ま)ったら	待(ま)てば	待(ま)たれる
	乗(の)る	乗(の)ります	乗(の)って	乗(の)った	乗(の)ったら	乗(の)れば	乗(の)られる
	行(い)く	行(い)きます	行(い)って	行(い)った	行(い)ったら	行(い)けば	行(い)かれる
	書(か)く	書(か)きます	書(か)いて	書(か)いた	書(か)いたら	書(か)けば	書(か)かれる
	泳(およ)ぐ	泳(およ)ぎます	泳(およ)いで	泳(およ)いだ	泳(およ)いだら	泳(およ)げば	泳(およ)がれる
	死(し)ぬ	死(し)にます	死(し)んで	死(し)んだ	死(し)んだら	死(し)ねば	死(し)なれる
	遊(あそ)ぶ	遊(あそ)びます	遊(あそ)んで	遊(あそ)んだ	遊(あそ)んだら	遊(あそ)べば	遊(あそ)ばれる
	読(よ)む	読(よ)みます	読(よ)んで	読(よ)んだ	読(よ)んだら	読(よ)めば	読(よ)まれる
	話(はな)す	話(はな)します	話(はな)して	話(はな)した	話(はな)したら	話(はな)せば	話(はな)される
2그룹동사	起(お)きる	起(お)きます	起(お)きて	起(お)きた	起(お)きたら	起(お)きれば	起(お)きられる
	見(み)る	見(み)ます	見(み)て	見(み)た	見(み)たら	見(み)れば	見(み)られる
	食(た)べる	食(た)べます	食(た)べて	食(た)べた	食(た)べたら	食(た)べれば	食(た)べられる
	寝(ね)る	寝(ね)ます	寝(ね)て	寝(ね)た	寝(ね)たら	寝(ね)れば	寝(ね)られる
3그룹동사	来(く)る	来(き)ます	来(き)て	来(き)た	来(き)たら	来(く)れば	来(こ)られる
	する	します	して	した	したら	すれば	される
	勉強(べんきょう)する	勉強(べんきょう)します	勉強(べんきょう)して	勉強(べんきょう)した	勉強(べんきょう)したら	勉強(べんきょう)すれば	勉強(べんきょう)される

(さ) せる형	가능형	ない형 현재	ない형 과거	(よ) う형	명령형	
買わせる	買える	買わない	買わなかった	買おう	買え	言う、歌う、会う、吸う
待たせる	待てる	待たない	待たなかった	待とう	待て	持つ、立つ
乗らせる	乗れる	乗らない	乗らなかった	乗ろう	乗れ	帰る、走る、取る
行かせる	行ける	行かない	行かなかった	行こう	行け	
書かせる	書ける	書かない	書かなかった	書こう	書け	聞く、歩く
泳がせる	泳げる	泳がない	泳がなかった	泳ごう	泳げ	急ぐ、脱ぐ
死なせる	死ねる	死なない	死ななかった	死のう	死ね	
遊ばせる	遊べる	遊ばない	遊ばなかった	遊ぼう	遊べ	飛ぶ
読ませる	読める	読まない	読まなかった	読もう	読め	飲む、休む
話させる	話せる	話さない	話さなかった	話そう	話せ	貸す、消す
起きさせる	起きられる	起きない	起きなかった	起きよう	起きろ	できる、着る
見させる	見られる	見ない	見なかった	見よう	見ろ	
食べさせる	食べられる	食べない	食べなかった	食べよう	食べろ	出る、教える
寝させる	寝られる	寝ない	寝なかった	寝よう	寝ろ	
来させる	来られる	来ない	来なかった	来よう	来い	
させる	できる	しない	しなかった	しよう	しろ	
勉強させる	勉強する	勉強しない	勉強しなかった	勉強しよう	勉強しろ	旅行する、運転する

9 い형용사・な형용사・명사 활용표

	기본형	ます형	て형	た형 과거형	ない형 현재	ない형 과거
い형용사	大(おお)きい	大(おお)きいです	大(おお)きくて	大(おお)きかった	大(おお)きくない	大(おお)きくなかった
	高(たか)い	高(たか)いです	高(たか)くて	高(たか)かった	高(たか)くない	高(たか)くなかった
	おいしい	おいしいです	おいしくて	おいしかった	おいしくない	おいしくなかった
	よい	よいです	よくて	よかった	よくない	よくなかった
	ない	ないです	なくて	なかった	なくはない	なくはなかった
	～たい	～たいです	～たくて	～たかった	～たくない	～たくなかった
な형용사	きれいだ	きれいです	きれいで	きれいだった	きれいではない	きれいではなかった
	親切(しんせつ)だ	親切(しんせつ)です	親切(しんせつ)で	親切(しんせつ)だった	親切(しんせつ)ではない	親切(しんせつ)ではなかった
	静(しず)かだ	静(しず)かです	静(しず)かで	静(しず)かだった	静(しず)かではない	静(しず)かではなかった
	元気(げんき)だ	元気(げんき)です	元気(げんき)で	元気(げんき)だった	元気(げんき)ではない	元気(げんき)ではなかった
	上手(じょうず)だ	上手(じょうず)です	上手(じょうず)で	上手(じょうず)だった	上手(じょうず)ではない	上手(じょうず)ではなかった
명사	学生(がくせい)	学生(がくせい)です	学生(がくせい)で	学生(がくせい)だった	学生(がくせい)ではない	学生(がくせい)ではなかった
	日本人(にほんじん)	日本人(にほんじん)です	日本人(にほんじん)で	日本人(にほんじん)だった	日本人(にほんじん)ではない	日本人(にほんじん)ではなかった

だろう형	조건가정형		부사형	
大(おお)きいだろう	大(おお)きければ	大(おお)きかったら	大(おお)きく	広(ひろ)い、安(やす)い、難(むずか)しい、多(おお)い
高(たか)いだろう	高(たか)ければ	高(たか)かったら	高(たか)く	
おいしいだろう	おいしければ	おいしかったら	おいしく	
よいだろう	よければ	よかったら	よく	
ないだろう	なければ	なかったら	なく	
～たいだろう	～たければ	～たかったら	～たく	
きれいだろう	きれいなら	きれいだったら	きれいに	好(す)きだ、嫌(きら)いだ、にぎやかだ
親切(しんせつ)だろう	親切(しんせつ)なら	親切(しんせつ)だったら	親切(しんせつ)に	
静(しず)かだろう	静(しず)かなら	静(しず)かだったら	静(しず)かに	
元気(げんき)だろう	元気(げんき)なら	元気(げんき)だったら	元気(げんき)に	
上手(じょうず)だろう	上手(じょうず)なら	上手(じょうず)だったら	上手(じょうず)に	
学生(がくせい)だろう	学生(がくせい)なら	学生(がくせい)だったら		
日本人(にほんじん)だろう	日本人(にほんじん)なら	日本人(にほんじん)だったら		

10 때를 나타내는 말

	ひ 日(날)	しゅう 週(주)	つき 月(달)	とし 年(해)
과 거	おととい (그저께)	せんせんしゅう 先々週 (지지난 주)	せんせんげつ 先々月 (지지난 달)	おととし 一昨年 (재작년)
	きのう 昨日 (어제)	せんしゅう 先週 (지난 주)	せんげつ 先月 (지난 달)	きょねん　さくねん 去年・昨年 (작년)
현 재	きょう 今日 (오늘)	こんしゅう 今週 (이번 주)	こんげつ 今月 (이 달)	ことし 今年 (올해)
미 래	あした 明日 (내일)	らいしゅう 来週 (다음 주)	らいげつ 来月 (다음 달)	らいねん 来年 (내년)
	あさって 明後日 (모레)	さらいしゅう 再来週 (다다음 주)	さらいげつ 再来月 (다다음 달)	さらいねん 再来年 (내후년)
	しあさって (글피)			
まい 毎～	まいにち 毎日 (매일)	まいしゅう 毎週 (매주)	まいつき 毎月 (매달)	まいとし 毎年 (매해)
기 타	やす　ひ 休みの日 (노는 날)	しゅうまつ 週末 (주말)	はじ 初め(초) なか 半ば(중순) お 終わり(말)	ねんまつ 年末 (연말)

해 답

해답

第(だい)1課(か)

1 ❶ 田中(たなか)さんは日本人(にほんじん)です。 ❷ スミスさんはアメリカ人(じん)です。

❸ パクさんは会社員(かいしゃいん)です。

2 ❶ 田中(たなか)さんは一年生(いちねんせい)ではありません。 ❷ 私(わたし)は中国人(ちゅうごくじん)ではありません。

❸ ワンさんは先生(せんせい)ではありません。

3 ❶ 日本人(にほんじん)ではありません。 ❷ 4年生(よねんせい)です。 ❸ 会社員(かいしゃいん)ではありません。

第(だい)2課(か)

1 ❶ それはデジカメです。 ❷ あれはつくえです。 ❸ これはいすです。

2 ❶ これはスミスさんのです。 ❷ それはマリーさんのです。

❸ あれは高橋(たかはし)さんのです。

3 ❶ A：ネクタイはいくらですか。

B：さんぜんろっぴゃく円(えん)です。

❷ A：たばこはいくらですか。

B：せんごひゃくウォンです。

❸ A：車(くるま)はいくらですか。

B：にまんよんせんドルです。

❹ A：缶(かん)コーヒーはいくらですか。

B：ろっぴゃくウォンです。

❺ A：めがねはいくらですか。

B：にまんろくせんはっぴゃく円(えん)です。

第(だい)3課(か)

1 ❶ いいえ、大(おお)きくありません。小(ちい)さいです。 ❷ いいえ、安(やす)くありません。高(たか)いです。

❸ いいえ、寒(さむ)くありません。暑(あつ)いです。 ❹ いいえ、近(ちか)くありません。遠(とお)いです。

❺ いいえ、よくありません。悪(わる)いです。 ❻ いいえ、おいしくありません。まずいです。

2 ❶ A：どんな映画(えいが)ですか。

B：おもしろい映画(えいが)です。

❷ A：どんな料理(りょうり)ですか。

B：おいしい料理(りょうり)です。

❸ A：どんな家(いえ)ですか。

B：広(ひろ)い家(いえ)です。

❹ A：どんな部屋(へや)ですか。

B：明(あか)るい部屋(へや)です。

❺ A：どんなトイレですか。
B：きたないトイレです。

❻ A：どんな車ですか。
B：新しい車です。

3 ❶ とても寒いです。
あまり寒くありません。

❷ とても難しいです。
あまり難しくありません。

❸ とても楽しいです。
あまり楽しくありません。

第4課

1 ❶ 親切です。
親切ではありません。

❷ 静かです。
静かではありません。

❸ 便利です。
便利ではありません。

❹ きれいです。
きれいではありません。

❺ 好きです。
好きではありません。

2 ❶ A：どんな人ですか。
B：きれいな人です。

❷ A：どんなところですか。
B：にぎやかなところです。

❸ A：どんなものですか。
B：大切なものです。

❹ A：どんな先生ですか。
B：すてきな先生です。

❺ A：どんな仕事ですか。
B：大変な仕事です。

3 ❶ 水泳が上手です。…

❷ カレーがきらいです。…

❸ コーヒーが好きです。…

第5課

1 ❶ きれいでした。
きれいではありませんでした。

❷ 大変でした。
大変ではありませんでした。

❸ おもしろかったです。
おもしろくありませんでした。

❹ 寒かったです。
寒くありませんでした。

❺ きびしかったです。
きびしくありませんでした。

❻ 弱かったです。
弱くありませんでした。

2 ❶ 古くてきたないです。

❷ きれいで有名です。

❸ 料理が上手でやさしくてきれいです。

❹ ハンサムでおもしろくて親切で背が高い

3 ❶ 私の部屋は広いですが、きれいではありません。
❷ 昨日はひまでしたが、今日は忙しいです。
❸ 私の友だちは背が高くてハンサムですが、あまり親切ではありません。

第6課

1 ❶ A：ビールとしょうちゅうとどちらが好きですか。
B：ビールよりしょうちゅうの方が好きです。
❷ A：夏と冬とどちらが好きですか。
B：冬より夏の方が好きです。
❸ A：電車とバスとどちらが便利ですか。
B：バスより電車の方が便利です。

2 ❶ 済州が一番きれいです。…
❷ にんにくが一番きらいです。…
❸ 兄が一番背が高いです。…

3 ❶ よじ ごふんです。 ❷ しちじ はんです。 ❸ くじ じゅっぷんです。

4 ❶ 午前9時半から午後4時半までです。
❷ 午前10時から午後6時40分までです。
❸ 午後5時から7時半までです。

5 ❶ 船より飛行機の方が速いです。
❷ 世界（の中）でどこが一番広いですか。

第7課

1 ❶ 四つ ❷ 五枚 ❸ 一台 ❹ 二人 ❺ 八匹 ❻ 三足 ❼ 一階 ❽ 六杯
❾ 八冊 ❿ 五本

2 ❶ A：シャツ二枚ください。
B：シャツ二枚ですね。
❷ A：カメラ一台ください。
B：カメラ一台ですね。
❸ A：傘三本ください。
B：傘三本ですね。
❹ A：くつした五足ください。
B：くつした五足ですね。
❺ A：みかん六つください。
B：みかん六つですね。

3 ❶ 四人家族です。… ❷ 五冊あります。… ❸ 三足あります。…

4 ❶ 家に猫が一匹います。
❷ 教室につくえが十あります。

第8課

1 ❶ A：冷蔵庫がありますか。
B：はい、あります。
❷ A：つくえがありますか。
B：いいえ、ありません。

③ A：ゴミ箱がありますか。

B：はい、あります。

④ A：猫がいますか。

B：はい、います。

⑤ A：女の子がいますか。

B：いいえ、いません。

⑥ A：めがねがありますか。

B：はい、あります。

2 ① 下　② 中　③ 右　④ 下　⑤ 後ろ　⑥ 前

3 ① A：コンビニはどこにありますか。

B：ゲームセンターの横にあります。

② A：パン屋はどこにありますか。

B：花屋のとなりにあります。

③ A：本屋はどこにありますか。

B：パン屋の後ろにあります。

④ A：喫茶店はどこにありますか。

B：100円ショップの右にあります。

⑤ A：銀行はどこにありますか。

B：薬屋の前にあります。

⑥ A：100円ショップはどこにありますか。

B：喫茶店の左にあります。

4 ① 郵便局や銀行や本屋などがあります。…

② 本や写真やコンピューターなどがあります。…

③ 財布やたばこやけいたい電話などがあります。…

④ スリッパやくつしたやスーツケースなどがあります。…

⑤ 私の彼氏がいます。

5 ① 教室には誰もいません。

② かばんの中には何もありません。

第9課

1

① 歌う	1	歌います	歌いません
② 乗る	1	乗ります	乗りません
③ 撮る	1	撮ります	撮りません
④ 休む	1	休みます	休みません
⑤ 出かける	2	出かけます	出かけません
⑥ 入る	1	入ります	入りません
⑦ 散歩する	3	散歩します	散歩しません
⑧ 待つ	1	待ちます	待ちません
⑨ 着る	2	着ます	着ません
⑩ 呼ぶ	1	呼びます	呼びません
⑪ 吸う	1	吸います	吸いません

⑫ 作る	1	作ります	作りません
⑬ 脱ぐ	1	脱ぎます	脱ぎません
⑭ 教える	2	教えます	教えません
⑮ 来る	3	来ます	来ません
⑯ 消す	1	消します	消しません
⑰ 死ぬ	1	死にます	死にません
⑱ 読む	1	読みます	読みません
⑲ 運転する	3	運転します	運転しません
⑳ できる	2	できます	できません

2 ❶ 飲みます。 ❷ 吸いません。 ❸ 帰りません。
❹ 送りませんでした。 ❺ 散歩しました。 ❻ 見ました。

3 ❶ バスで学校へ来ます。… ❷ 7時に起きます。…
❸ 学校の図書館で勉強します。… ❹ パンを食べました。…
❺ 11時に家へ帰りました。… ❻ 映画を見ます。…
❼ テニスをしました。…

4 ❶ で、を ❷ に ❸ から、まで ❹ で、へ ❺ に

第10課

1 ❶ まんがが読みたいです。 ❷ 映画が見たいです。
❸ クラシック音楽が聞きたいです。 ❹ お風呂に入りたいです。
❺ 一日中寝たいです。

2 ❶ 本を借りに行きます。 ❷ コンサートを見に行きます。
❸ お土産を買いに行きます。 ❹ アルバイトに(アルバイトしに) 行きます。
❺ 仕事に (仕事しに) 行きます。

3 ❶ A: 何か食べませんか。
B: ええ、食べましょう。
❷ A: ここで待ちませんか 。
B: ええ、待ちましょう。
❸ A: 散歩しませんか。
B: ええ、しましょう。
❹ A: そろそろ帰りませんか。
B: ええ、帰りましょう。
❺ A: いっしょに写真を撮りませんか。
B: ええ、撮りましょう。

4 ❶ しちがつなのか　❷ しちがつじゅうよっか
❸ しちがつじゅうしちにち　❹ しちがつじゅうくにち
❺ しちがつにじゅうよっかからしちがつにじゅうろくにちまで

5 ❶ いっしょに海へ行きませんか。　❷ 友だちに会いたいです。

第11課

1

❶ できる	2	できて
❷ 来る	3	来て
❸ 死ぬ	1	死んで
❹ 教える	2	教えて
❺ 聞く	1	聞いて
❻ 着る	2	着て
❼ 脱ぐ	1	脱いで
❽ 散歩する	3	散歩して
❾ 持つ	1	持って
❿ 出かける	2	出かけて
⓫ 休む	1	休んで
⓬ 吸う	1	吸って
⓭ 呼ぶ	1	呼んで
⓮ 消す	1	消して
⓯ 歌う	1	歌って
⓰ 行く	1	行って
⓱ 入る	1	入って

2 ❶ 家を出て、バスに乗って、学校へ行きます。
❷ 授業を受けて、友だちに会って、昼ご飯を食べます。
❸ 本屋へ行って、本を買って、アルバイトに行きます。
❹ 家へ帰って、シャワーを浴びて、ビールを飲みます。
❺ 宿題をして、日記を書いて、寝ます。

3 ❶ お名前を書いてください。　❷ 座ってください。
❸ ゆっくり話してください。　❹ パスポートを見せてください。

4 ①時間がないですから、急いでください。
②試験ですから、勉強してください。
③パーティーがありますから、ぜひ来てください。
④道がわかりませんから、教えてください。
⑤忙しいですから、手伝ってください。

5 ①京都で写真を撮って、お土産を買いました。
②ここにお名前と住所、電話番号を書いてください。

第12課

1 ①話をしています。
②雑誌を読んでいます。
③手紙を書いています。
④鏡を見ています。
⑤コーラを飲んでいます。

2 ①A：ここに座ってもいいですか。
B：はい、座ってもいいです。
いいえ、座ってはいけません。
②A：先に帰ってもいいですか。
B：はい、先に帰ってもいいです。
いいえ、先に帰ってはいけません。
③A：芝生に入ってもいいですか。
B：はい、芝生に入ってもいいです。
いいえ、芝生に入ってはいけません。
④A：日本語で話してもいいですか。
B：はい、日本語で話してもいいです。
いいえ、日本語で話してはいけません。
⑤A：ドアを開けてもいいですか。
B：はい、ドアを開けてもいいです。
いいえ、ドアを開けてはいけません。

3 ①A：池でつりをしてもいいですか。
B：どうぞ（してもいいです）。
ちょっと……（してはいけません）。
②A：ちゃわんを持って食べてもいいですか。
B：どうぞ（持って食べてもいいです）。
ちょっと……（持って食べてはいけません）。
③A：たばこを吸ってもいいですか。
B：どうぞ（吸ってもいいです）。
ちょっと……（吸ってはいけません）。

4 ①夜遅く電話してもいいですか。
②お酒を飲んで運転してはいけません。
③顔は知っていますが、名前は知りません。

第13課

1

❶	本	(が) 入る	(を) 入れる
❷	木	(が) 倒れる	(を) 倒す
❸	食事	(を) 出す	(が) 出る
❹	人	(が) 集まる	(を) 集める
❺	窓	(を) 開ける	(が) 開く
❻	子ども	(を) 起こす	(が) 起きる
❼	コップ	(が) 割れる	(を) 割る
❽	火	(を) 消す	(が) 消える
❾	電気	(が) つく	(を) つける
❿	会議	(が) 始まる	(を) 始める

2 ❶ ガラスが割れています。 ❷ 砂糖が入っています。
❸ 電気が消えています。

3 ❶ 名前が書いてあります。 ❷ ポスターが貼ってあります。
❸ 花が飾ってあります。

4 ❶ 庭にはきれいな花が咲いています。 ❷ 本に名前が書いてあります。

第14課

1

❶ できる	2	できた
❷ 来る	3	来た
❸ 死ぬ	1	死んだ
❹ 教える	2	教えた
❺ 聞く	1	聞いた
❻ 着る	2	着た
❼ 脱ぐ	1	脱いだ
❽ 散歩する	3	散歩した
❾ 持つ	1	持った
❿ 出かける	2	出かけた
⓫ 休む	1	休んだ

⑫ 吸う	1	吸った
⑬ 呼ぶ	1	呼んだ
⑭ 消す	1	消した
⑮ 歌う	1	歌った
⑯ 行く	1	行った
⑰ 切る	1	切った

2 ❶ A：漢拏山に登ったことがありますか。

B：はい、登ったことがあります。

A：どうでしたか。

B：大変でした。

❷ A：合コンに行ったことがありますか。

B：はい、行ったことがあります。

A：どうでしたか。

B：よかったです。

❸ A：バラの花束をもらったことがありますか。

B：はい、もらったことがあります。

A：どうでしたか。

B：うれしかったです。

❹ A：バンジージャンプをしたことがありますか。

B：はい、したことがあります。

A：どうでしたか。

B：こわかったです。

❺ A：浴衣を着たことがありますか。

B：はい、着たことがあります。

A：どうでしたか。

B：涼しかったです。

3 ❶ 旅行したり外国語を勉強したりします。

❷ ダンスをしたり歌を歌ったりします。

❸ シャワーを浴びたり冷たいビールを飲んだりします。

❹ 買い物をしたり友だちと会ったりします。

❺ 初詣に行ったりおせち料理を食べたりします。

4 ❶ 日本(にほん)のラーメンを食(た)べたことがありますか。

❷ テコンドーを習(なら)ったことがあります。

第(だい)15課(か)

1

❶ 歌(うた)う	1	歌(うた)わない
❷ 帰(かえ)る	1	帰(かえ)らない
❸ 撮(と)る	1	撮(と)らない
❹ 休(やす)む	1	休(やす)まない
❺ 出(で)かける	2	出(で)かけない
❻ 入(はい)る	1	入(はい)らない
❼ 持(も)つ	1	持(も)たない
❽ 着(き)る	2	着(き)ない
❾ 呼(よ)ぶ	1	呼(よ)ばない
❿ 吸(す)う	1	吸(す)わない
⓫ 教(おし)える	2	教(おし)えない
⓬ 来(く)る	3	来(こ)ない
⓭ 消(け)す	1	消(け)さない
⓮ 死(し)ぬ	1	死(し)なない
⓯ 読(よ)む	1	読(よ)まない
⓰ 運転(うんてん)する	3	運転(うんてん)しない
⓱ できる	2	できない

2 ❶ 荷物(にもつ)を置(お)かないでください。

❷ 写真(しゃしん)を撮(と)らないでください。

❸ 授業(じゅぎょう)に遅(おく)れないでください。

❹ ろうかで走(はし)らないでください。

❺ 勝手(かって)に使(つか)わないでください。

3 ❶ 風邪(かぜ)ですから、冷(つめ)たいものを食(た)べないでください。

❷ お酒(さけ)を飲(の)みましたから、運転(うんてん)しないでください。

❸ 誰(だれ)もいませんから、来(こ)ないでください。

❹ 雨(あめ)ですから、どこへも行(い)かないでください。

❺ 太(ふと)りますから、食(た)べないでください。

4 ❶ むかないで食(た)べます。

❷ 使(つか)わないでご飯(はん)を食(た)べます。

③ 消さないで寝ます。　　④ 出さないで本を読みます。

⑤ 化粧しないで出かけます。

5 ① あきらめないでがんばってください。　　② 私のことを忘れないでください。

第16課

1 ①

a. シートベルトを締めなければなりません。

b. シートベルトを締めなければいけません。

c. シートベルトを締めなくてもいいです。

②

a. 友だちを迎えに行かなければなりません。

b. 友だちを迎えに行かなければいけません。

c. 友だちを迎えに行かなくてもいいです。

③

a. 知らせなければなりません。

b. 知らせなければいけません。

c. 知らせなくてもいいです。

④

a. 働かなければなりません。

b. 働かなければいけません。

c. 働かなくてもいいです。

2 ① 用事がありますから、出かけなければなりません。

② 熱がありますから、薬を飲まなければなりません。

③ 近いですから、タクシーに乗らなくてもいいです。

④ 悪い病気じゃありませんから、心配しなくてもいいです。

⑤ 天気がいいですから、傘を持っていかなくてもいいです。

3 ① 川がきたなくなりました。　　② 木が少なくなりました。

③ 町がにぎやかになりました。　　④ 駅が大きくなりました。

⑤ 店が新しくなりました。

4 ① 顔が赤くなります。…

② 背が高くなりました。…

③ パスポートを作らなければなりません。…

④ 勉強しなければなりません。…

第17課

1 ① a. 連絡した方がいいです

b. 連絡しない方がいいです。

② a. 窓を開けた方がいいです。

b. 窓を開けない方がいいです。

③ a. 車に乗った方がいいです。

b. 車に乗らない方がいいです。

④ a. 連れてきた方がいいです。

b. 連れてこない方がいいです。

❺ a. 友だちを信じた方がいいです。
b. 友だちを信じない方がいいです。

2 ❶ 雨ですから、傘を持っていった方がいいです。
❷ 太っていますから、毎日運動をした方がいいです。
❸ 子どもが寝ていますから、大きな声で話さない方がいいです。
❹ 喉がはれていますから、歌わない方がいいです。
❺ 疲れていますから、ゆっくり休んだ方がいいです。

3 ❶ ⓐ 水をたくさん飲んだ方がいいです。…
❷ ⓓ 何も食べない方がいいです。…
❸ ⓒ 温かいしょうが湯を飲んだ方がいいです。…
❹ ⓑ ゆっくり休んだ方がいいです。…

4 ❶ 定期券を買う前にお金を下ろします。
定期券を買ってから帰ります。
定期券を買った後で帰ります。
❷ 掃除をする前にカーテンを開けます。
掃除をしてからお茶を飲みます。
掃除をした後でお茶を飲みます。
❸ 泳ぐ前に水着に着替えます。
泳いでからシャワーを浴びます。
泳いだ後でシャワーを浴びます。

5 ❶ 留学する前に勉強した方がいいです
❷ 下痢をする時には何も食べない方がいいです。

第18課

1

❶ する	3	できる
❷ 来る	3	来られる
❸ 死ぬ	1	死ねる
❹ 教える	2	教えられる
❺ 聞く	1	聞ける
❻ 着る	2	着られる
❼ 脱ぐ	1	脱げる
❽ 散歩する	3	散歩できる
❾ 持つ	1	持てる

❿ 出かける	2	出かけられる
⓫ 休む	1	休める
⓬ 吸う	1	吸える
⓭ 呼ぶ	1	呼べる
⓮ 消す	1	消せる
⓯ 歌う	1	歌える
⓰ 行く	1	生ける
⓱ 帰る	1	帰れる

2 ❶ 速く走ることができます。
❷ 相撲を見ることができます。
❸ お金を下ろすことができます。
❹ 日本語でメールを送ることができます。
❺ 自転車に乗ることができます。

3 ❶ 納豆が食べられます。
❷ 一人で着物が着られます。
❸ 海で泳げます。
❹ ３０分で来られます。
❺ ゴルフができます。

4 ❶ はい、銀行でお金が借りられます。/ いいえ、銀行でお金が借りられません。
❷ はい、日本料理が作れます。/ いいえ、日本料理が作れません。
❸ はい、上手に歌が歌えます。/ いいえ、上手に歌が歌えません。
❹ はい、一人で海外旅行に行けます。/ いいえ、一人で海外旅行に行けません。
❺ はい、マンションでペットが飼えます。/ いいえ、マンションでペットが飼えません。

5 音楽を聞くことです。…

6 ❶ 漢字で名前を書くことができますか。/ 漢字で名前が書けますか。
❷ 日本の歌を歌うことができます。/ 日本の歌が歌えます。

第19課

1 ❶ A：私は友だちに辞書をあげました。
B：私は友だちに辞書を貸してあげました。
❷ A：私は先生に人形をさしあげました。
B：私は先生に人形を作ってさしあげました。
❸ A：私は祖父にアルバムをあげました。
B：私は祖父にアルバムを見せてあげました。

❹A：私は妹にハンカチをあげました。
B：私は妹にハンカチを買ってあげました。

2 ❶A：同僚は私の妹に手袋をくれました。
B：同僚は私の妹に手袋を編んでくれました。

❷A：パクさんは私にお金をくれました。
B：パクさんは私にお金を貸してくれました。

❸A：恋人は私に指輪をくれました。
B：恋人は私に指輪をはめてくれました。

❹A：先生は私にワインをくださいました。
B：先生は私にワインを注いでくださいました。

3 ❶A：私は友だちにビデオをもらいました。
B：私は友だちにビデオを貸してもらいました。

❷A：私は先生にお茶をいただきました。
B：私は先生にお茶をいれていただきました。

❸A：私は主人に皿をもらいました。
B：私は主人に皿を洗ってもらいました。

❹A：私は彼にギターをもらいました。
B：私は彼にギターを弾いてもらいました。

4 ❶料理を作ってあげました。…
❷セーターを編んでもらいたいです。…
❸家事を手伝ってもらいたいです。…

5 ❶友だちの誕生日に何をあげましたか。
❷友だちは私の誕生日にケーキを作ってくれました。

第20課

1

❶ 急ぎます	急ぎません	急ぎました	急ぎませんでした
急ぐ	急がない	急いだ	急がなかった
❷ 話します	話しません	話しました	話しませんでした
話す	話さない	話した	話さなかった
❸ 待ちます	待ちません	待ちました	待ちませんでした
待つ	待たない	待った	待たなかった

④ 遊(あそ)びます	遊(あそ)びません	遊(あそ)びました	遊(あそ)びませんでした
遊(あそ)ぶ	遊(あそ)ばない	遊(あそ)んだ	遊(あそ)ばなかった
⑤ 飲(の)みます	飲(の)みません	飲(の)みました	飲(の)みませんでした
飲(の)む	飲(の)まない	飲(の)んだ	飲(の)まなかった
⑥ あります	ありません	ありました	ありませんでした
ある	ない	あった	なかった
⑦ 買(か)います	買(か)いません	買(か)いました	買(か)いませんでした
買(か)う	買(か)わない	買(か)った	買(か)わなかった
⑧ 見(み)ます	見(み)ません	見(み)ました	見(み)ませんでした
見(み)る	見(み)ない	見(み)た	見(み)なかった
⑨ 食(た)べます	食(た)べません	食(た)べました	食(た)べませんでした
食(た)べる	食(た)べない	食(た)べた	食(た)べなかった
⑩ します	しません	しました	しませんでした
する	しない	した	しなかった
⑪ 来(き)ます	来(き)ません	来(き)ました	来(き)ませんでした
来(く)る	来(こ)ない	来(き)た	来(こ)なかった
⑫ 死(し)にます	死(し)にません	死(し)にました	死(し)にませんでした
死(し)ぬ	死(し)なない	死(し)んだ	死(し)ななかった

⑬ おいしいです	おいしくないです	おいしかったです	おいしくなかったです
おいしい	おいしくない	おいしかった	おいしくなかった
⑭ いいです	よくないです	よかったです	よくなかったです
いい	よくない	よかった	よくなかった
⑮ 上手(じょうず)です	上手(じょうず)ではありません	上手(じょうず)でした	上手(じょうず)ではありませんでした
上手(じょうず)だ	上手(じょうず)ではない	上手(じょうず)だった	上手(じょうず)ではなかった
⑯ 元気(げんき)です	元気(げんき)ではありません	元気(げんき)でした	元気(げんき)ではありませんでした
元気(げんき)だ	元気(げんき)ではない	元気(げんき)だった	元気(げんき)ではなかった
⑰ 田舎(いなか)です	田舎(いなか)ではありません	田舎(いなか)でした	田舎(いなか)ではありませんでした
田舎(いなか)だ	田舎(いなか)ではない	田舎(いなか)だった	田舎(いなか)ではなかった

2

❶ 立つ	1	立とう
❷ 歩く	1	歩こう
❸ 覚える	2	覚えよう
❹ 見つける	2	見つけよう
❺ 帰る	1	帰ろう
❻ 寝る	2	寝よう
❼ 飲む	1	飲もう
❽ 結婚する	3	結婚しよう
❾ 入れる	2	入れよう
❿ 使う	1	使おう
⓫ 置く	1	置こう
⓬ 始める	2	始めよう
⓭ 泳ぐ	1	泳ごう
⓮ 呼ぶ	1	呼ぼう
⓯ 連れてくる	3	連れてこよう
⓰ 返す	1	返そう

3 ❶ A：昨日、映画を見た？
B：うん、見た。
ううん、見なかった。

❷ A：明日は忙しい？
B：うん、忙しい。
ううん、忙しくない。

❸ A：昨日は暇だった？
B：うん、暇だった。
ううん、暇ではなかった。

❹ A：あの店は日曜日休み？
B：うん、休み。
ううん、休みではない。

❺ A：今日、キムさんは来ない？
B：うん、来ない。
ううん、来る。

4 ❶ 寒いと思います。
寒くないと思います。

❷ きれいだと思います。
きれいではないと思います。

❸ 日本人だと思います。
日本人ではないと思います。

❹ 行くと思います。
行かないと思います。

5 ① 図書館へ行こうと思っています。 ② 家にいようと思っています。
③ ネックレスをあげようと思っています。 ④ 公務員になろうと思っています。
⑤ 山に登ろうと思っています。

6 ① UFOは本当にあると思いますか。 ② 生け花を習おうと思っています。

第21課

1

① 飲む	飲めば	飲んだら	飲むと	飲むなら
② 見る	見れば	見たら	見ると	見るなら
③ 食べる	食べれば	食べたら	食べると	食べるなら
④ する	すれば	したら	すると	するなら
⑤ 来る	来れば	来たら	来ると	来るなら
⑥ 難しい	難しければ	難しかったら	難しいと	難しいなら
⑦ 忙しい	忙しければ	忙しかったら	忙しいと	忙しいなら
⑧ いい	よければ	よかったら	いいと	いいなら
⑨ 元気だ	元気なら（ば）	元気だったら	元気だと	元気なら
⑩ きれいだ	きれいなら（ば）	きれいだったら	きれいだと	きれいなら
⑪ 静かだ	静かなら（ば）	静かだったら	静かだ	静かなら
⑫ 休み	休みなら（ば）	休みだったら	休みだと	休みなら
⑬ お金	お金なら（ば）	お金だったら	お金だと	お金なら

2 ① 高ければ ② あれば ③ わからなければ ④ 飲めば ⑤ よければ

3 ① 甘くなります。 ② 暗くなります。 ③ おつりが出ます。
④ 目が悪くなります。 ⑤ 眠くなります。

4 ① 急いだら ② わからなかったら ③ 暑かったら
④ 健康だったら ⑤ 病気だったら

5 ① 日本の古いお寺を見たいなら ② 名前なら
③ 荷物が多いなら ④ 山登りが好きなら ⑤ 中国語なら

6 ① よかったら遊びに来ませんか。 ② 冬になると、雪が降ります。

第22課

1

❶ 立つ	1	立たせる
❷ 歩く	1	歩かせる
❸ 覚える	2	覚えさせる
❹ 見つける	2	見つけさせる
❺ 帰る	1	帰らせる
❻ 寝る	2	寝させる
❼ 飲む	1	飲ませる
❽ 結婚する	3	結婚させる
❾ 入れる	2	入れさせる
❿ 使う	1	使わせる
⓫ 置く	1	置かせる
⓬ 始める	2	始めさせる
⓭ 泳ぐ	1	泳がせる
⓮ 呼ぶ	1	呼ばせる
⓯ 連れてくる	3	連れてこさせる
⓰ 返す	1	返させる

2 ❶ 父は子どもを塾に行かせます。
❷ 先生は学生を立たせます。
❸ 監督は選手を走らせます。
❹ 医者は患者を明日来させます。
❺ 上司は部下を残業させます。

3 ❶ 母は娘に野菜を食べさせます。
❷ 母は私にピアノを習わせます。
❸ 女の人は男の人にハンドバッグを持たせます。
❹ 兄は私に車を洗わせます。
❺ 先輩は後輩に酒を飲ませます。

4 ❶ 気分が悪いんですが、ここで休ませていただけませんか。
❷ お腹の調子が悪いんですが、早く帰らせていただけませんか。
❸ 国から両親が来るんですが、早退させていただけませんか。

5 ❶ 先生は学生に毎日漢字を覚えさせます。
❷ お先に失礼させていただきます。

第23課

1

❶ 書く	1	書かれる
❷ 踏む	1	踏まれる
❸ 笑う	1	笑われる
❹ 招待する	3	招待される
❺ 叱る	1	叱られる
❻ 見る	2	見られる
❼ 取る	1	取られる
❽ 捨てる	2	捨てられる
❾ 泣く	1	泣かれる
❿ ほめる	2	ほめられる
⓫ 壊す	1	壊される
⓬ 待つ	1	待たれる
⓭ 来る	3	来られる
⓮ 呼ぶ	1	呼ばれる
⓯ する	3	される
⓰ 建てる	2	建てられる

2 ❶ 弟は父に叱られました。 ❷ 弟は兄に殴られました。
❸ 私はキムさんにいじめられました。 ❹ 私は母に日記を読まれました。
❺ 私は泥棒に財布を盗まれました。 ❻ 私は妹にケーキを食べられました。

3 ❶ 友だちに来られて ❷ 雨に降られて ❸ 父に死なれて
❹ 友だちに来られて ❺ 赤ちゃんに泣かれて

4 ❶ 無理やり聞かせられました。 ❷ 日本語で書かせられました。
❸ コーヒーを入れさせられました。 ❹ 飲ませられました。
❺ 買わせられました。

5 ❶ 私は先輩にデートに誘われました。
❷ ワールドカップは４年に一度開かれます。
❸ 行きたくなかったのに、お使いに行かせられました。

第24課

1 ① ニュースによると、火事でビルが焼けたそうです。
② 友だちの 話 によると、東 京 は物価がとても高いそうです。
③ 友だちの手紙によると、先 週 のパーティーは楽しかったそうです。
④ 新聞によると、札幌の雪祭りはきれいだそうです。
⑤ 母によると、この洗濯機は便利ではないそうです。
⑥ 佐藤さんによると、マリーさんの趣味は 料 理だそうです。

2 ① 疲れて倒れそうです。
② 風でろうそくが消えそうです。
③ お母さんが見えなくて今にも赤ちゃんが泣きそうです。
④ 人がたくさん集まっていて楽しそうです。
⑤ 仕事が 忙 しくてデートする時間もなさそうです。
⑥ 赤ちゃんが生まれて 幸 せそうです。

3 ① A：ありそうですね　B：あるそうです。
② A：結婚しそうですね　B：結婚するそうです
③ A：こわそうですね　B：こわいそうです
④ A：よさそうですね　B：いいそうです
⑤ A：新鮮そうですね　B：新鮮だそうです

4 ① 新聞によると、今年はインフルエンザがはやるそうです。
② このキムチは辛そうです。

第25課

1 ① 飲まないようです。
② 来なかったようです。
③ 間に合うようです。
④ 寝ているようです。
⑤ 難 しくないようです。
⑥ いいようです。
⑦ 暇なようです。
⑧ 不便ではないようです。
⑨ ナイロンのようです。
⑩ 故 障 だったようです。

2 ① 事故のようです。
② 風邪を引いたようです。
③ 兄 弟のようです。
④ 熱があるようです。
⑤ おもしろいようです。
⑥ 泥棒が入ったようです。
⑦ 野菜がきらいなようです。

3 ❶ 歌手の　❷ 氷 の　❸ 河童の　❹ 日本人の　❺ 夢の

4 ❶ 台風が来るらしいです。　❷ 風邪がはやっているらしいです。
❸ あの店は安くておいしいらしいです。　❹ 田中さんは歌が 上 手らしいです。
❺ キムさんは 病 気らしいです。

5 ❶ まるで天使のようです。　❷ 風邪を引いたようです。

第26課

1

❶ 書く	書きます	お書きになる	お書きください	書かれる	お書きする
❷ 話す	話します	お話しになる	お話しください	話される	お話しする
❸ 読む	読みます	お読みになる	お読みください	読まれる	お読みする
❹ 持つ	持ちます	お持ちになる	お持ちください	持たれる	お持ちする
❺ 待つ	待ちます	お待ちになる	お待ちください	待たれる	お待ちする
❻ 作る	作ります	お作りになる	お作りください	作られる	お作りする
❼ 取る	取ります	お取りになる	お取りください	取られる	お取りする
❽ 呼ぶ	呼びます	お呼びになる	お呼びください	呼ばれる	お呼びする
❾ 使う	使います	お使いになる	お使いください	使われる	お使いする
❿ かける	かけます	おかけになる	おかけください	かけられる	おかけする
⓫ 答える	答えます	お答えになる	お答えください	答えられる	お答えする

2 ❶ A：もう少しお待ちになりますか。　B: はい、待ちます。
❷ A：高橋さんにお会いになりましたか。　B: いいえ、会いませんでした。
❸ A：たばこをお吸いになりますか。　B: はい、吸います。
❹ A：日本語でお歌いになりますか。　B: はい、歌います。
❺ A：午後５時にお帰りになりますか。　B: いいえ、帰りません。

3 ❶ 召し上がります。　❷ ご覧になります。　❸ 出 席なさいます。
❹ くださいました。　❺ ご存じですか。

4 ❶ A: お手伝いしましょうか。　❷ A: 傘をお貸ししましょうか。
❸ A: 荷物をお持ちしましょうか。　❹ A: ここでお待ちしましょうか。
❺ A: ご案内しましょうか。

5 ❶ 勤めております。　❷ お目にかかります。　❸ 拝見します。
❹ 申します。　❺ いたします。

6 ❶ 存(ぞん)じております。 ❷ キムと申(もう)します。 ❸ 拝見(はいけん)しました。
❹ おります。 ❺ しゃぶしゃぶをいただきました。

7 ❶ お上(あ)がりください。 ❷ 召(め)し上(あ)がってください。 ❸ おかけください。

집필

_김난희 金鸞姬
_김승한 金勝漢
_진은숙 秦恩淑
_이춘숙 李春淑
_조지영 趙芝英
_아오야마 치요코 青山智世子
_김성봉 金成俸
_이창익 李昌益
_김경덕 金京德
_전해심 田海心
_쓰치야 나오코 土屋菜穗子
_호소미 노리코 細見典子

기초 회화부터 제대로 배우는 실생활 위주의 대학 교양 일본어

초판발행 2007년 3월 7일
1판 5쇄 2018년 1월 30일

저자 제주대학교 일본어 교재 연구회
펴낸이 엄태상
책임 편집 정은영, 오은정, 조은형, 신명숙, 진현진
제작 조성근
마케팅 이상호, 이승욱, 오원택, 전한나, 왕성석
경영지원 마정인, 최윤진, 김예원, 양희운, 박효정

펴낸곳 (주)시사일본어사
주소 서울시 종로구 자하문로 300 시사빌딩
주문 및 교재 문의 1588-1582
팩스 (02)3671-0500
홈페이지 www.sisabooks.com
이메일 sisa_book@naver.com
등록일자 1977년 12월 24일
등록번호 제300 - 1977 - 31호

ISBN 978-89-402-0693-5 18730